むしろ暴落しそうな金融商品を買え！

GS
幻冬舎新書
291

はじめに

1990年代から、いま現在までの期間で、株や投資信託、外貨などで資産運用をして、トータルでみて儲かっているという人はどれくらいいると思いますか？

本書をお読みいただければわかりますが、「ほとんどいない」といっても過言ではありません。大儲けした人もいるでしょうが、例外的といえる比率でしかいないはずです。

とはいえ、「これ以上損をすることはないだろう」「長期投資なんだから、損をしている時期があったりするのも当たり前」などと、自分にいい聞かせている人も少なくないでしょう。

本当にそう思いますか？　自信はありますか？

実際に、長期・分散投資によって、リスクを抑えた株式投資をしているつもりの人がいます。しかし、データを調べれば、昔は有効だった投資法が、いまは通用しないとわかります。長期・分散投資はおカネを安全に増やす方法だと信じている人は、かなりの確率で大損するでしょう。

また、リスクについて正しい知識をもたないために、銀行や証券会社からすすめられた金融商品のリスクを把握できず、思わぬ損失をこうむってしまう人がとても多くなっています。日本では、リスクが高い金融商品ほど、いいかげんに売られているからです。どの株・通貨が上がるか下がるかを予想する感覚――相場観を磨いて投資をしても、いまは、それだけでは失敗しやすいともいえます。各種のバブル崩壊や金融危機（リーマンショックなど）が起きた際に巨額損失をこうむった組織や個人は、ほとんどが、みずからの相場観を過信していたからこそ、失敗したのです。

本書のタイトル「むしろ暴落しそうな金融商品を買え！」は、最近までのデータに基づいて、金融機関やさまざまなファンド（機関投資家）の投資行動を分析した結果を、わかりやすく表現したものです。本書を最後まで読んでいただければ、なぜそういえるのかがおわかりいただけると思います。

また、理論的な――かなり理屈っぽい解説をするところでは、できるだけ親しみやすい話にしようと、高級クラブでの3人の登場人物による「資産運用談義」を、各章に挿入しています。登場人物も会話も架空のものですが、そのなかで示すデータは現実の金融市場のものです。

金融リスクについての正しい知識は、あなたの資産を守り、そして増やすためのいちばんの武器となります。本書では、たくさんのデータを示しています。データを根拠に、資産運用に必要な正しい知恵を身につけてもらえればさいわいです。

むしろ暴落しそうな金融商品を買え！／目次

第4章 個人向けの社債・ミニ公募債・国債、投資していいのはどれか？ 109

第1章　これだけ読めば「本書のポイント」がわかる

「それでも資産運用したい」ならどうする？

あなたは、自分や家族の将来のために「とにかく資産運用をしなきゃ」とか「おカネにも働いてもらわないとね」とか「うまく儲かる資産運用方法があるならやってみよう」なんて考えていて、でも資産運用のやり方に迷っているのではありませんか？

たぶん、そういった読者が手にするだろうと想定して、筆者は本書を書きました。

いまの時代、資産運用に成功する人と失敗する人を分けるのは、「どんな資産に投資をするか」ではありません。……どんな資産に投資をするかが成功・失敗を分けたのは、長期投資が有効だった昔のことで、いまはそうではありません。

これからの資産運用では、どんな資産に投資するかではなく、同じ資産に投資するので

図1　値上がり傾向をもつ株が多く存在

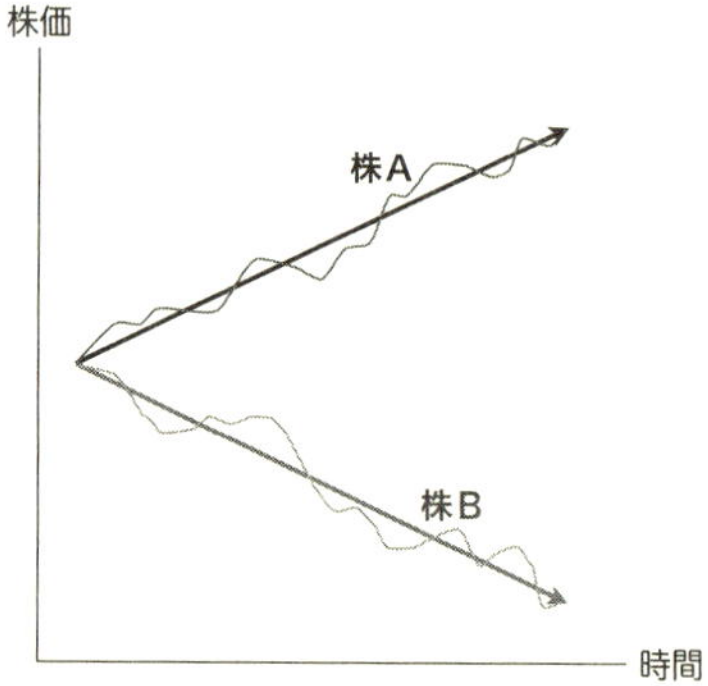

あっても「どういった考え方（姿勢）で投資をするか」のほうがずっと重要になっています。簡単な図解でその理由を示しましょう（なぜそうなったのかのくわしい説明は、第2章以降でおこなうことにして、結論だけ示します）。

昔は、**図1**の株Aのような株価変動になる銘柄と、株Bのような株価変動になる銘柄が、比較的はっきりと分かれやすかったのです。長期的に値上がりする株と値下がりする株が分かれやすかったという意味です。

だから、投資時点で株Aを選んだ人は、長期投資によってしっかり儲けられたのでした。他方、株Bを選んで長期投資をした人は損をしました。……「どんな資産に投資をするか」が成功・失敗を分けたのでした。

さて、株式市場全体が好調なときには、株Aのような銘柄のほうが多かったでしょう。いろいろな銘柄を選んで分散投資をしておけば、株Bタイプの銘柄も混じったでしょうが、比率としては株Aタイプの銘柄のほうが多くなりやすかった。だから、投資全体では儲けやすかったといえます。

こうして、昔は「長期・分散投資での株式投資が、かなりの確率で大きな儲けにつながった」のでした。株式市場などが、10年を超える長期間にわたって、高い率の上昇トレンドにあったときには、単純な長期投資――一度投資をした銘柄はほとんど売らず、コツコツと銘柄を増やす長期投資で、十分に儲けられたわけです。

図2　値上がり傾向が続かないなら……

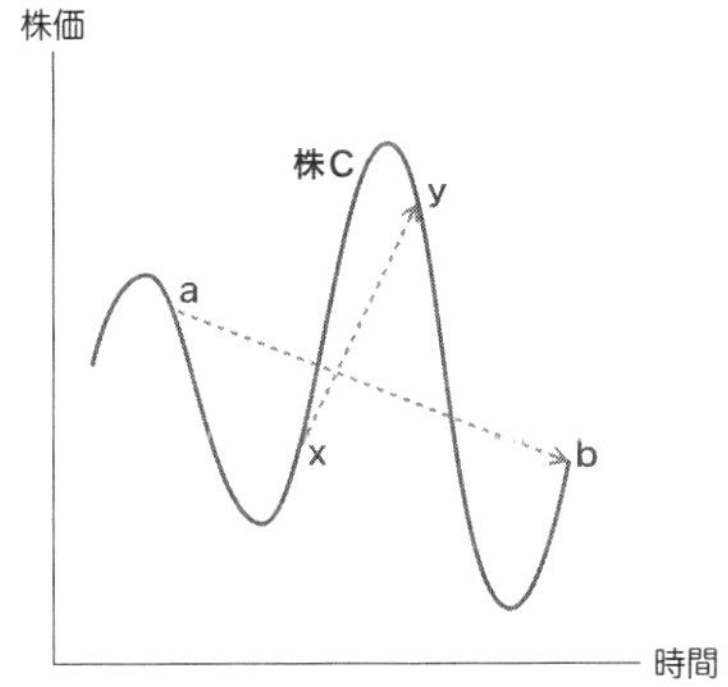

「考え方」が投資の勝敗を決める

残念ながら、いまはちがいます。図2の株Cのような株価変動パターンを前提に、いかに儲けるかを考える必要があります。長期で上昇傾向をもつ銘柄が少なく、投資時点でそういった銘柄を選ぶのが困難になっているからです。

同じ株Cに投資するのでも、図中のa点で投資をしてb点までもつ人は、損をする一方で、x点で投資をしてy点で売る人は、効率よく儲けられます。これが、同じ資産に投資をするのでも「どういった考え方（姿勢）で投資をするか」によって、成功・失敗が分かれる、典型的なパターンです。

長期投資で儲けるのがむずかしい時代に、それでも株式投資をやりたいなら、別の方法で儲ける工夫をしないと、長い年数をかけて投資をしたうえで大損するハメになりやすいのです。

もし、ここまでの説明だけで読者が「もはや長期投資は儲からない」と覚悟してくれたなら、本書の目的の3分の1は果たせたといえます。しかし、これだけで納得できる人は少ないでしょう。

長期投資が危険になったことについて、データでの裏づけや、そうなった理由の解説がほしいという読者は、第2章を読んでください。

分散投資は有効でなくなった

分散投資の有効性も大幅に下がりましたが、この点のデータや解説は第3章にあります。

結論だけを先に示すと、金融機関がリスク管理についての意識を高めてきた結果、あらゆる資産が分散投資の対象とされるようになり、有効な分散投資は広く真似《まね》されるようになりました。その結果、世界の金融市場に大きなショックを与えるような危機が生じたときには、どの資産も連動して暴落しやすくなりました。

いろいろな資産に分散投資をしても、危機の際に連動して暴落するのであれば、分散投資がリスクを減らす効果は大幅に低下したといえます。例外的な分散投資の方法も存在しますが、株式の銘柄を多様化するとか、株式などの金融資産に不動産やコモディティ（商品、原油・金《きん》・穀物などの一次産品）を組み合わせるといった分散投資は、いまや有効性がかなり下がってしまったと覚悟すべきです。

おまけに、株式投資に限っていえば、たいていの銘柄の株価が、ふだんから株式市場全体（TOPIXなどの指標）に連動しやすくなっていますから、いろいろな銘柄を組み合わせて投資をしても、リスク抑制効果がさほど得られないといえます。そのうえで、日米欧の株価も連動を強めていますから、国際分散投資の効果も大幅に低下しました。

例外は、古くからある「株式＋債券」の分散投資です。ただし、債券として社債を選ぶのはおすすめできません（債券の話はおもに第4章でおこないます）。債券では、国債を選ぶべきで、「株式＋国債」という分散投資が有効である理由と、他の分散投資がダメになってきた理由については、第3章で述べます。

バブルはこれからも起き続ける

では、どんな投資法なら大きな儲けが狙えるのでしょうか。長期投資で成功した人を除くと、過去に、結果として株で大儲けした人の多くは、つぎのどちらかでしょう。

第1に、バブルに乗って短期で大儲けしたうえで、バブル崩壊前に逃げた人。
第2に、他人（政府、金融機関、企業、各種団体、個人）の失敗につけこんだ人。

そして、この2つのパターンが資産運用で大儲けするうえでいちばんわかりやすく、効率的だという事実は、いまも変わっていません。

アメリカの住宅バブルの崩壊がリーマンショックにつながり、世界経済に大きな打撃を与えたという経験があっても、きっとまた、なんらかの資産価格のバブル的な急騰は、今後も世界のどこかで起き続けるでしょう。さらに、資産運用で大きな失敗をしてしまう組織や個人は、いつの世にもたくさん存在します。

そのため、今後も、バブルを利用しての大儲けや、他人の失敗につけこんでの大儲けのチャンスは、ときどきどこかに転がっているでしょう。このどちらかのかたちでの成功を狙う一方で、チャンスが来るまでは、投資資金が大幅に減ってしまわないように守るのが、いまの時代に合った資産運用だといえます。

勇気をもってバブルに乗れるか？

東京の繁華街のとある高級クラブ。60歳すぎの欲深そうな大学教授、財豊《ざいほう》民雄《たみお》の横に、若いホステスの美愛《みあ》が座っている。向かい合って、40歳前後のエリート官僚、官上《かんがみ》策多《さくた》が同席している。最初に、ちょっとだけ仕事の話をしていたが、すぐに終わった。美愛のことがお気に入りの財豊教授のご機嫌をとるために、官上が接待で連れて来たようだ。

財豊　官上君、堅い話はここまでにしよう。

美愛　やっと私の順番ね。教授に質問。おカネを貯めるのに、いちばん儲かるのはなに？　やっぱり株？　ＦＸ？　マンション投資？

官上　そんな下世話《げせわ》なことを、教授に聞くなよ……。

財豊　いや、聞くのは自由だよ。でも、私にもわからん。誰か知ってるヤツがいたら教えてほしい。これが本音だ。

美愛　エリート官僚や大物政治家にまで、世界経済のレクチャーをする教授に、誰が教えられるっていうの？

官上　だから、どの株が値上がりしそうかとか、いまから円高・円安のどちらに動きそうかなんて、誰にもわからないってこと。日本の過去の著名政治家のなかで、トップといえる経済通のインテリだった、宮澤喜一元首相は、為替レートについて話し合う国際会議の出席経験も豊富で、首相を辞めたあとも、手帳に毎日の円相場をメモしていたけど、将来の円相場なんて、まったく予想できないといっていた。

財豊　みんなが知っている知識だけでは、確実に儲けるのは無理だし、世界経済を動かす論理をよくわかっているほど、かえって儲けのチャンスを逃しやすい。

資産運用なんて、そんなものだ。

美愛　教授は、株やＦＸじゃ、うまく儲けられないってこと？

財豊　たぶん……な。官上君もダメだな。美愛みたいに、度胸があって、本能的に生きているヤツのほうが強いと思うよ。ただ、10年とか20年とか、長くやれば、私が美愛に負ける可能性は低そうだ。

美愛　長期投資が大事ってことね。先週号の『週刊ドレガホント』の財テク特集に書いてあったわ。

財豊　いや、いわゆる長期投資が儲かったのは、昔の話。いまは、たぶんダメだよ。それに、長期なら美愛に勝てるというのは、美愛よりたくさん儲けられるからじゃない。かなりの確率で、美愛が大損するだろうから、ちょっとの損だけに抑えることができれば、２人の対決では私が勝つって話さ。

美愛　ずいぶん弱気ですね。優良企業の株とかでもダメなの？

――財豊教授は、薄い鞄から最新のｉＰａｄを取り出し、ひとつのグラフを表示させた（**図３**）。

財豊　いわゆるバブル経済崩壊後の日経平均株価をみると、はっきり下落傾向に

図3　1990年以降、大きな波を描きながらの下落傾向が続く

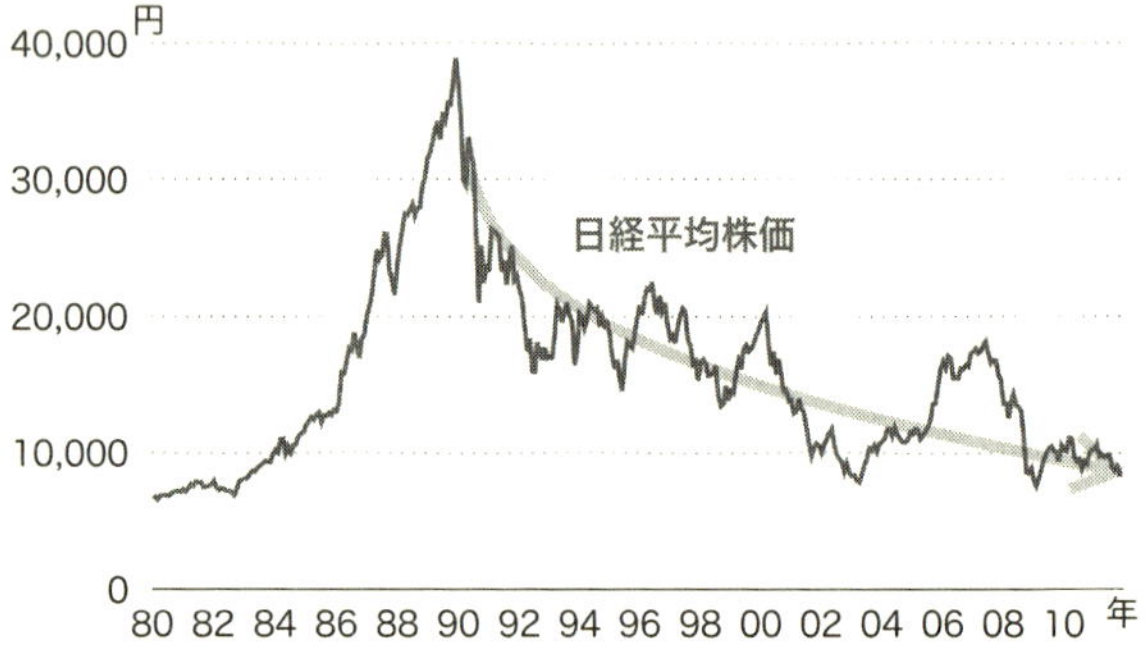

ある。この日経平均株価は、日本企業の株価がだいたいどんな感じで動いてきたかをみるために、テレビや新聞がいつも取り上げるデータだけど、誤解している人が多い。日本のいろいろな企業の平均の株価をみているわけじゃない。

美愛　えっ、そうなの？

財豊　つぎの表をみてごらん（21ページの**表1**）。日経平均株価は、各分野で日本トップクラスの大企業ばかりを225社集めて、その株価をみるものだ。おまけにメガバンクや自動車メーカーのように日本を代表する企業の株価ほど大きな影響をもつように平均している。日本人の平均学力じゃなく、東大生や京大生の平均学力をみているようなものだ。

表1　日経平均株価は日本を代表する大企業の株価の平均

〈業種〉	日経平均株価（日経225）を構成する銘柄［2012年8月24日時点］			
医薬品	協和発酵キリン	武田薬品工業	アステラス製薬	他
電気機器	日立製作所	東芝	三菱電機	日本電気
	パナソニック	シャープ	ソニー	デンソー
	京セラ	キヤノン	東京エレクトロン	他
自動車	日産自動車	トヨタ自動車	三菱自動車工業	マツダ
	本田技研工業	日野自動車	スズキ	他
精密機器	コニカミノルタ（H）	ニコン	シチズン（H）	他
通信	日本電信電話	ＫＤＤＩ	ソフトバンク	他
銀行	三菱ＵＦＪ（ＦＧ）	三井住友（ＦＧ）	みずほ（ＦＧ）	他
その他金融	クレディセゾン			
証券	大和証券（G）本社	野村（H）	松井証券	
保険	東京海上（H）	第一生命保険	ソニー（ＦＨ）	他
水産	日本水産	マルハニチロ（H）		
食品	明治（H）	日本ハム	サッポロ（H）	アサヒ（ＧＨ）
	キリン（H）	味の素	日本たばこ産業	他
小売業	J.フロントリテイリング	三越伊勢丹（H）	セブン＆アイ・（H）	高島屋
	イオン	ユニー	ファーストリテイリング	他
サービス	電通	ヤフー	東宝	他
鉱業	国際石油開発帝石			
繊維	東洋紡績	帝人	東レ	他
紙・パルプ	王子（H）	三菱製紙	北越紀州製紙	日本製紙（G）本社
化学	旭化成	住友化学	東ソー	信越化学工業
	花王	富士フイルム（H）	資生堂	他
石油	昭和シェル石油	ＪＸ（H）		
ゴム	横浜ゴム	ブリヂストン		
窯業	旭硝子	日本板硝子	ＴＯＴＯ	他
鉄鋼	新日本製鐵	神戸製鋼所	ジェイエフイー（H）	他
非鉄金属	三菱マテリアル	三井金属鉱業	住友金属鉱山	他
商社	三菱商事	三井物産	伊藤忠商事	他
建設	清水建設	鹿島建設	積水ハウス	他
機械	小松製作所	日立建機	クボタ	ダイキン工業
	日立造船	三菱重工業	ＩＨＩ	他
造船	三井造船	川崎重工業		
その他製造	凸版印刷	大日本印刷	ヤマハ	
不動産	三井不動産	三菱地所	住友不動産	他
鉄道・バス	東海旅客鉄道	東日本旅客鉄道	東京急行電鉄	他
陸運	日本通運	ヤマト（H）		
海運	日本郵船	商船三井	川崎汽船	
空運	全日本空輸			
倉庫	三菱倉庫			
電力	東京電力	関西電力	中部電力	
ガス	東京瓦斯	大阪瓦斯		

カッコ内のアルファベットは下記の略。
H：ホールディングス　F：フィナンシャル　G：グループ

美愛　その割には、全体的に上がっていないし、下がったり上がったりが激しいわね。

財豊　そう。だから、長期投資をすると、大損しかねない。10年も続けて株式投資をすると、最低でも1回、運が悪ければ2〜3回は、大幅な下落に遭遇しそうだからね。

美愛　でも、日本企業の平均じゃなく、日本トップクラスの企業の平均的な株価がこんなにしょっちゅう下がるなんて、信じられない。どうしてこんなになったの？

財豊　そもそも、トップクラスの企業だとみんなが認めたあとは、株価は上がりにくくなる。優良企業の株を買うほうが儲かるって考えるのが、まちがっている。

美愛　ウソでしょ。国際的な陰謀とかなんかがあるの？

財豊　いや、海外企業であっても、そうなんだよ。

美愛　ホントかなぁ……。あっ、そのｉＰａｄを販売しているアップル（Ａｐｐｌｅ）は、すごく株価が上がったでしょ。ほら、本当の優良企業の株は、やっぱり儲かる。

財豊　いいところに目をつけたね。でも、アップルという企業は、すごく好調なときでも、なにかあったら、業績や株価があっという間に暴落するんじゃないかと思われてきた。ｉＰｈｏｎｅやｉＰａｄがすごく売れて儲かっても、あまりに爆発的に売れて、あまりに儲かっているから、一方で、そんなの続かないんじゃないかという心配も強くなる。

美愛　そうか、ケータイ全体でも、スマホだけでも、新機種の開発競争は激しいから、もしｉＰｈｏｎｅを負かすライバルが出てきたら、たしかに、アップルの株価は暴落するかもね。

財豊　そういう心配も強いなかで、予想を上回る快進撃を続けたから、株価が高騰した。逆にいえば、株価の暴落なんてほとんどの人が心配しない企業、たとえばトヨタ自動車ほどの安定した信頼を勝ち得ていたら、アップルの株価はこんなに高騰しなかったかもしれない。

美愛　ＷｉｉやＤＳが売れて絶好調のときの任天堂は、すごく株価が上がったけど、雑誌で社員が、何年か後には会社そのものが潰れている可能性だってあるっていってた。その不安がある会社だから、好調時には余計に株価が上がったって

図4　大幅下落の危険性が強そうな銘柄ほど急上昇する

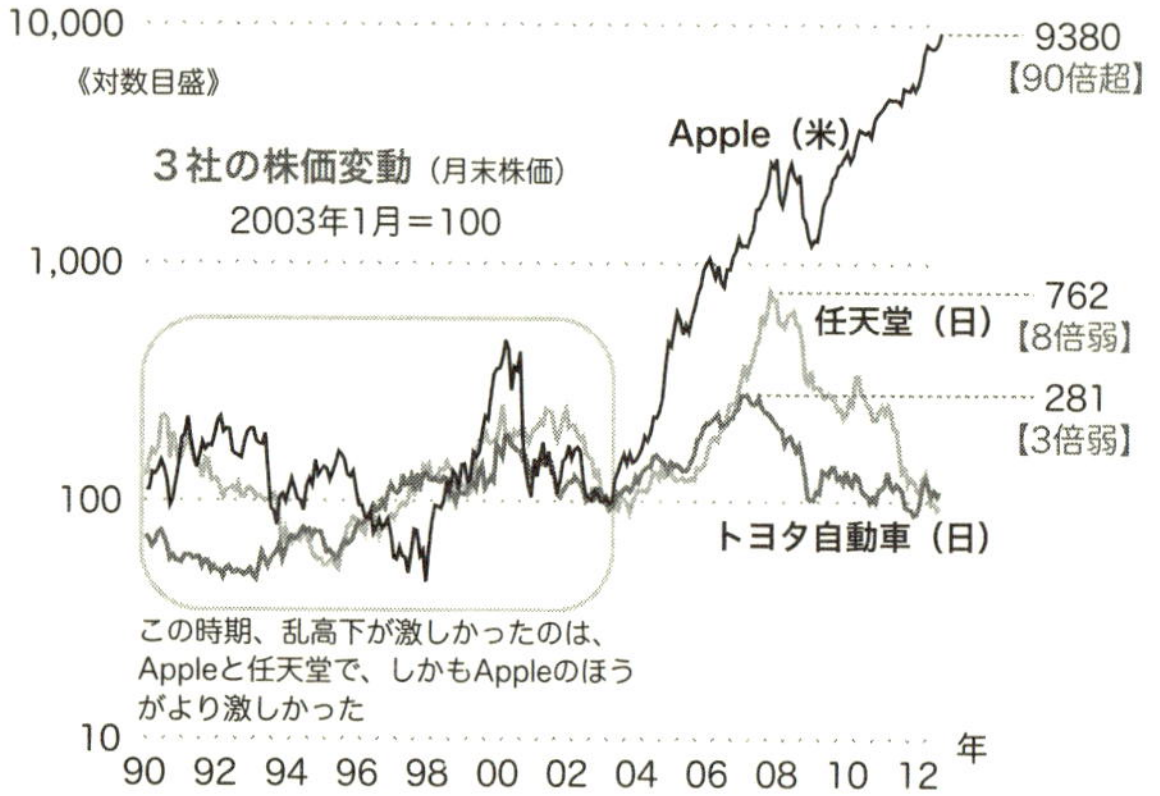

ことね。

財豊　そうそう。逆に、信じられないほど巨額の利益を叩き出して、ハイブリッド車のプリウスが世界で高く評価されても、トヨタ自動車の株価がそこまでの勢いで上がらなかったのは、安定感への信頼が強く、株価暴落の心配がとても弱いからだった。

美愛　ふーん。

財豊　ほら、3社の株価の動きを比較してみると、こんな感じだ（**図4**）。

美愛　トヨタの株価だって、かなり乱高下しているけど、アップルの絶好調時の上昇率は、段ちがいに激しいわね。

財豊　トヨタについては、快進撃が長く続いてもおかしくないと思う人たちがたくさんいる。また、業績の伸びが少しぐらい止まっても、超優良企業としての地位はかなり長いあいだ安泰だと思われている。でも、任天堂やアップルは、快進撃が止まったら、いきなり恐い株になるって心配する人たちがいる。

官上　3社の株のリスクには大幅な差がありますね。過去に株価が急落したとき、その程度が大きかったのは、アップルと任天堂で、特にアップルは過去の乱高下が任天堂よりずっと激しい。

美愛　任天堂は3DSで苦戦して、株価が暴落しちゃったし……。

財豊　それは半分止しいけど、半分まちがっている。今度はこちらのグラフをよくみてごらん（**図5**）。任天堂の株価は、まだWiiなどの売上が好調で、完全な勝ち組企業として儲けまくっていた時期に、すでに大幅に下がっていた。3DSでの苦戦がさらに株価を下げたのも事実だけどね。

美愛　本当ね。

財豊　つまりね、2006年から2007年にかけての任天堂の株価高騰は、すばらしい業績の裏づけがあったのもたしかだけど、一種のバブルがふくまれてい

図５　業績が絶好調の時期に、株価が暴落

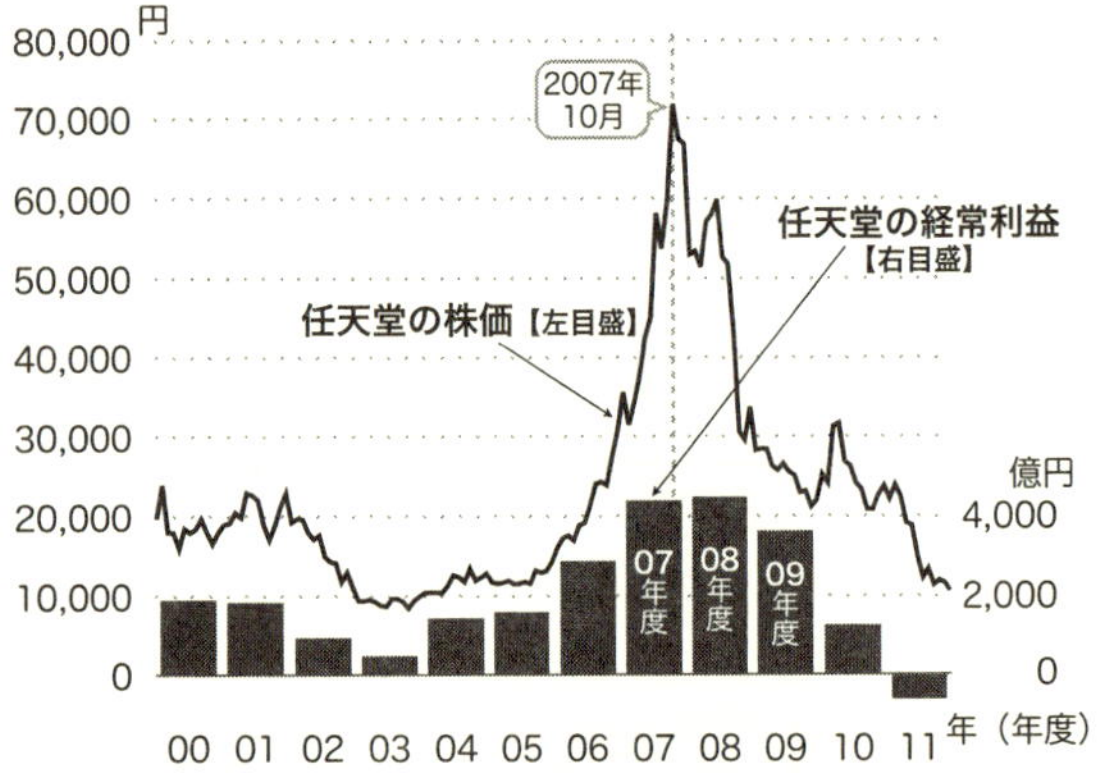

たからこそ、これほどの倍率で高騰し、そのあと暴落したのではないかな。

美愛　なるほど、この先、教授がいいたいことはわかったわよ。アップルの株価も、業績の裏づけだけでなく、たぶんバブルが起きているからこそ、こんな勢いで上がっているってことね。

財豊　そうそう。……で、そのあとも、私のいいたいことを続けていいよ。

美愛　えっ、まだ半分しか正解していないってことか。……そうか、教授がくり返し強調したことにつなげればいいのね。業績が絶好調でも、ちょっと先の暴落の心配がなかなか消せないような企業だからこそ、業績好調時に、株価のバブルが一緒に起きやすい。

財豊　おっ、すごいね。それが私のいいたかったことだよ。ただ、ひとつの解釈であって、正解かどうかはむずかしいところだ。そうだろ、官上君。

官上　本当にバブルが起きていたかどうかなんて、簡単には判定できませんからね。ましてや、アップルの株価はまだバブルと推測される部分が弾けたわけじゃないですから、財豊教授のご高説が正しいかどうか、しばらく様子をみないとわからないでしょうね。

美愛　それで、いままでの話は、私のおカネを増やすのに、どう役立つの？

財豊　これからの資産運用には、３つの道がある。ひとつは、バブルに乗って儲けること。結果として、株や不動産で大儲けした個人のなかには、バブルにうまく乗って儲けて、そのあと、バブル崩壊による痛手を小さくして逃げ切った人が多い。

美愛　でも、そのためには、あっというまに暴落に転じるかもしれない不安に勝たないといけないってことね。……だから、教授や官上さんより、経済の論理に弱い私のほうが有利なのね。

財豊　もうひとつは、他人のミスに乗じて儲けること。金融機関は、10年以上前から、この方向で戦おうとしている。日本の金融機関は、金融機関同士の取引ではカモの側から抜け出せていないけど、個人富裕層や財団や役人などをカモにしている。

官上　個人投資家でも、すごい金額を儲けた人のなかには、他人の誤発注なんかをとらえてボロ儲けした人がいるよ。

美愛　そうでしたね。雑誌なんかで読んで、知っていますよ。でも、私には無理です。

財豊　そうでもないんだけど、まずはそう思ったほうがいい。すると、ふつうの個人が選べる道は、2つだね。そして、いま少し説明した、バブルに乗って儲けるやり方のほうが楽しそうだし、派手なんだよ。

官上　成功したときも、失敗したときも、派手ってことで……。教授は、美愛ちゃんには、まず派手なほうを教えたわけですね。

美愛　ということは、残りのひとつは堅実で地味ってことですね。たしかに私は派手好きですけど、それはそれで、堅実で地味なほうも教えてください。

官上　また今度ね。さぁ教授、明日の朝、大臣にレクチャーをしてもらわないと困りますから、そろそろ帰りましょう。

地味なのに危険な運用

日本人の多くは、資産運用に消極的です。現金と預貯金以外には金融資産をもたない人が主流派です。ただし、住宅ローンを組んで家を買う人はたくさんいて、そういった人たちは、じつは地価に連動した資産運用をしているといえます。

また、預貯金の金利がとても低くなりましたから、それよりは金利が高い「社債」を買ったり、日本よりも金利が高い「外貨」で運用する人が増えました。これらの人たちは、本人としては「さほどリスクを負っていない」と考えていることがふつうで、堅実で地味な資産運用をしながら、少しだけ高めの金利を狙っていると思っているようです。

個人だけでなく、企業や各種団体のおカネを運用する人もふくめて、日本人の資産運用での致命的な問題のひとつは、「堅実な資産運用」のやり方がまったくわかっていないことです。たとえば、2012年には、個人の社債投資が増えていると、何度も大きく報じられました。「できるだけ堅実に、かつ、少し高めの金利を得る資産運用」として、社債投資をしているつもりでしょうが、実際には、ふつうの株式投資よりも危険な投資になっていたりします。

ちょっとだけ高い金利を狙う社債投資は、たいていは地味なものですが、地味だから堅実だと思い込んではダメです。社債投資は「地味で危険な資産運用」です。もし「地味で堅実な資産運用」をしたければ、昔からある預貯金で我慢するか、日本国債を買うべきです。これらの点については、第4章で解説しましょう。

株・社債・外貨などに投資をしている人たちのなかには、「将来インフレになる可能性を考えると、昔からある預貯金は危ない」と思い込んでいる人が多くいます。そういった人は、筆者が堅実だといっている資産こそが危険だと感じるでしょう。

それは正しくありません。インフレを考えに入れても、預貯金がさほど危険な資産でない理由は、第4章などで述べます。

アメリカへの投資はリスクが高い

図6　長期の「ドル安・円高」トレンドは揺るがず

昔は王道とされた「長期・分散投資」の有効性が失われた背景には、めったに起きないはずの大暴落（金融危機）が短い間隔で起きるようになったという実情があり、その根本原因として、各種の債務（借金）の残高が大きく膨らんだことがあります。各国政府の債務残高膨張もそのひとつですが、日本に住む投資家にとって、もっと大きな問題は、国全体の対外純債務が大幅に膨らみ続けている欧米諸国の存在です。

くわしい説明は第5章でおこなうことにして、結論だけを簡単に示すことにしましょう。そもそも、**図6**をみれば明らかなように、対米ドル円相場は長期のドル安・円高トレンドがずっと続いています。

日本人にとって外貨投資は、いつでも大損の危険性が十分にあるのです。そして、その危険性はどんどん高まってきていると考えるべきです。外貨投資のリスクが以前より高まっていると覚悟すべき最大の理由は、アメリカやギリシャやスペインなどの対外純債務の残高膨張です。対外純債務が大きな国は、それだけ海外から借りているおカネが多いということで、金融市場にショックが起きたときに、そのおカネが海外に逃げる危険性があり、すると、為替レートが急落します。リーマンショック後の急なドル安・円高は、まさに典型例といえます。

しかも、アメリカの対外純債務残高が大きければ大きいほど、円に対する米ドルの下落幅は大きくなりやすく、ギリシャやスペインなどの対外純債務残高が大きいほど、円に対するユーロの下落幅は大きくなりやすいでしょう。この単純な論理は、単純ゆえに強力で、アメリカなどの対外的な借金が膨らむにつれて、日本人にとって「海外投資による巨額損失」のリスクはどんどん高まっていると覚悟するべきでしょう。

堅実な投資とはなにか

すべての資産運用に通じる考え方として、「危険そうに思える資産に投資するほうが、むしろ堅実な投資ができる」という皮肉な真実もあります。なぜでしょうか。

まず、「堅実な投資」とはなにかを定義してみましょう。絶対に損をしない投資と定義してもいいのですが、そうすると、ほとんどすべての金融資産が対象外になってしまいます。厳密にすべてのリスクを考慮すると、絶対に損をしない投資など存在しないからです。

堅実な投資についての現実的な定義は、「大損しない投資」でしょう。本書では、大損がきちんと避けられるなら、堅実な投資とみることにします。……どの程度の損失を大損と判断するかという問題は残りますが、これは、他の要因も考慮して総合的に判断するべきものです。

さて、株式投資などもふくめて、大損してしまうのはどんなときかを想像すると、堅実な投資の条件（なにを避ければ堅実な投資ができるか）がわかります。そして、危険そうに思える資産への投資こそが堅実な投資になるという、筆者の主張の意味もわかるでしょう。

大損するパターンで代表的なものは、つぎの2つです。

A：少しずつ儲けているうちにやめられず、投資期間が終わった場合でも、すぐに同じ資産に再投資をしてしまい、ときどきやってくる暴落の際に逃げ損なって、大損してしまうパターン。……それまでの利益をすべて失って、トータルでも大損になるケースが多いようです。

B：損失が小さいときに、その小さな損失を確定させる「損切り」ができず（心理的に、損失確定を受け入れられず）、投資を継続してしまい（塩漬けにして）、やはり、ときどきやってくる暴落で大損してしまうパターン。

このAとBは、暴落に巻き込まれて大損する点では同じで、いまの時代、同じ資産に長期投資をする限り、これらは避けにくいといえます。儲けているときに、儲けているからこそやめられず、いつか暴落に当たってしまうのがAで、他方、含み損がある（いま売ると損が出る）状態で損切りができないために、暴落するまで投資を続けてしまうのがBです。

対策のポイントははっきりしていて、AでもBでも、相場の暴落が始まったときにすみやかに資産を売って逃げることができるかどうか、ただこれだけです。

いまは、「どの資産に投資するかを慎重に選ぶ」ことで、堅実な投資をめざす時代ではありません。「投資している資産を売るタイミングをすみやかに見定める」ことこそが、堅実な投資につながる時代です。……昔からそうだったと考える人もいるでしょう。最近は、それがよりはっきりしたといえます。

このとき、暴落の危険性が十分に高いと認識し、警戒している投資家は、暴落から早く逃げやすいでしょう。逆に、長期的な相場の上昇を信じる、楽観的な投資家は、暴落から逃げ損なって、大損しやすいでしょう。だからこそ、危険に思える資産に投資をするほうが堅実な投資を実現しやすいという、とても皮肉なことが起きるわけです。

大損を避けることが大切なのは、金融機関や機関投資家（いろいろなファンド）にとっても同じで、「リスク管理」の中心課題といえます。そして、金融機関などのリスク管理の徹底（強化）が、金融市場にどのような影響を与えたかをみると、堅実な投資の条件が大きく変わったことが理解できるはずです。このあたりの話は、本書全体（おもに第6章）で解説します。

資産運用で押さえるべきたった2つの条件とは

預貯金だけでの資産運用では増やせないからおもしろくないと思ったとき、では、具体的にどんな種類の金融資産（金融商品）に投資をするかを考える前に、絶対に押さえておくべき条件が、2つあります。たった2つです。でも、2つの条件を満たす資産だけに投資をすると決めれば、あなたの資産運用は劇的に変わります。

第1の条件は「流動性が高いこと」です。まずは、それぞれの金融資産の流動性をチェックしましょう。

市場での取引量が十分に多く、その時点でみんなが適正だと思っている価格で、実際に売買がしやすい状況を、流動性が高いといいます。換金（現金化）したいと思ったときに、ほとんどコストがかからずに、すぐに換金（現金化）できるという意味でもあります。

満期10年の金融商品であっても、希望するタイミングで（たとえば投資直後でも）簡単に売ったり解約したりできて、そのときにコストがかからないものは、流動性が高いといえますから、逆に、満期前の売却や解約にコストがかかるなら、流動性が低いという問題があります。個人が投資するには適さない金融商品だといえます。

普通預金（ほぼ同タイプの預金・貯金）、ふつうの国債、株式市場での日々の取引量が多い株などが、流動性が高い金融資産（金融商品）の代表格といえます。流動性さえ高ければ、もし危険そうなときにはサッサと売ることで、損失拡大を避けられます。

過去に、アジアやロシアなどの通貨危機や、リーマンショック（アメリカの金融危機）で巨額損失をこうむった機関や個人の多くは、じつは、そうしたショック（危機）の直後に金融資産を売却していれば、ずっと小さな損失で抑えられたはずでした。巨額損失を逃れるための時間の余裕は十分にありながら、放置したために大損したのです。……データを第6章で示します。

そして、時間はあったのに逃げ損なったケースのなかには、もともと流動性が低い資産に投資していたために逃げられなかった事例が、本当にたくさんありました。だから、流動性のチェックが重要なのです。

しかし、流動性が十分にある資産に投資していても、それだけではダメで、実際に危険を察知して逃げるためには、その資産の価格をきちんと監視し続けることが大切です。だから、投資していい資産の第2の条件は、毎日のように価格がチェックできることです。

実践的には、週に1度ぐらいはチェックするという態度でもいいでしょう。あるいは、ほぼ毎日、経済ニュースをチェックして、世界の金融市場に悪い影響を与えそうなショックが起きたときには、しばらくは、自分がもっている資産の価格変動から目を離さないようにするのでも、いいでしょう。

とにかく、第1に流動性が高いかどうか、第2に価格変動が観察しやすいかどうか、この2つの条件を満たす金融資産だけを、投資対象にすべきです。この2つがリスク管理の

表2　金融リスクの基本分類

金融リスクの種類		内容
市場リスク	株価	**「マーケットリスク」「価格変動リスク」**とも呼ぶ。マーケット（市場）で価格が変動することで、**損失・利益**が生じる（変動する）リスク。
	為替レート	
	金利	
	他	
信用リスク		**「クレジットリスク」**とも呼ぶ。企業などの経営破綻（倒産）によって、**損失**が生じるリスク。
流動性リスク		流動性（取引量）の不足によって、適正な価格で売買できないことで、**損失**が生じるリスク。
リーガルリスク		法律違反によって、**損失**が生じるリスク。
オペレーショナルリスク		取引操作のミスで、**損失**が生じるリスク。
システミックリスク		ショックによる暴落が、他の銘柄や他の市場や他の国に伝わり、暴落の連鎖によって、**大きな損失**が生じるリスク。

最重要ポイントなのです。

資産運用をふくむ金融取引には、6つの基本タイプの金融リスクがあります。これを整理したものが**表2**です。

本来、これら6つのリスクすべてに注意を払うことが必要です。しかし、ここまでに述べた2つの条件を満たせば、6つのリスクに対応できます。……くわしくは第6章で解説します。

言葉の使い方が少しややこしいのが、「流動性」と「流動性リスク」の関係です。流動性は、狭い意味では「取引量」のことで、取引量が不足しているために、適正な価格での売買が成立しにくい状況を「流動性が低い」といいます。

そして、流動性が低いために、急に売ろうとすると適正価格より安くしか売れず（相手に買い叩かれて）損をするとか、急に買おうとすると適正価格より高くしか買えず（相手にボッタクリ価格で売りつけられて）損をするリスクが、流動性リスクです。満期前に売却・解約できないことで、損失が拡大してしまうリスクも、流動性リスクにふくまれます。

つまり、流動性が低いときには、流動性リスクが高くなります。反対に、流動性が高いときには、流動性リスクが低いといえます。

少しややこしい表現が混じりますので、流動性そのものの話なのか、流動性リスクの話なのかに注意してお読みください。

さて、致命的な損失を避けたいなら、リスク管理の意識をもつべきです。そして、個人のリスク管理を考えると、まず、流動性が低い資産と、日々の資産価格の情報が入手しにくい資産は、すべて投資対象から外すべきです。

もし、より本格的なリスク管理をしたいなら、確率・統計の基礎から学ぶ必要があります。しかし、単純なリスク管理でいいなら、損切りを徹底すればいいでしょう。

このあとの各章では、具体的な金融商品を取り上げたりしながら、いろいろなデータと理論を裏づけとして示すことにします。

順に読み進めてもらうことを前提に執筆していますが、本章を読んで、特に興味があるテーマがはっきりしている人は、それを取り上げた章から読んでいただいてもかまいません。

第２章 長期投資で儲からなくなったのは一目瞭然

株の暴落はこんなにひんぱんに起きている

財テク雑誌などで、読者から寄せられた株式投資の相談が、たとえばつぎのような内容だったとします。「２年前にＡ社とＢ社の株を買って保有していますが、Ａの株価は１割下がり、Ｂの株価は３割下がってしまいました。どうしたらいいでしょうか？」

たいていは、つぎのようなアドバイスが載せられています。「Ａ社もＢ社も一流企業で、業績の伸びが期待できますから、数年での株価変動など気にせずに、長期投資として保有し続ければ大丈夫です」

でも、本当にそうでしょうか。こうした「長期投資なら大丈夫」という考えは、株価が上昇トレンドをもっていることを前提にしています。……たしかに、過去の株価推移をみ

図７　株価は、平常時は上がり、ショックがあると暴落する

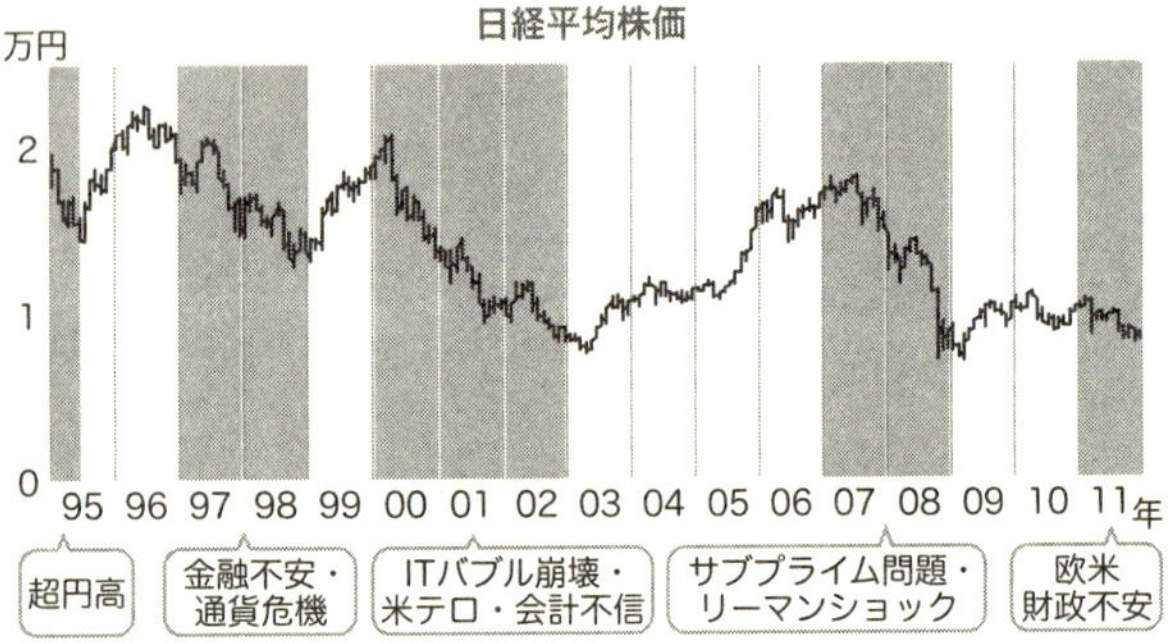

ると、平常時の株価は上昇トレンドをもつようにみえます（**図７**の背景が白の期間）。

　ところが、世界のどこかでバブル崩壊、金融不安、財政不安、通貨危機などの大きなショックが起きると、日本の株価も大幅に下落します。そして、世界の株式市場を暴落させるショックは、１９９０年代後半以降では、１～５年程度の間隔で起きています（**図７**の背景がグレーの期間）。

　97年のアジア通貨危機、98年のロシア通貨危機とＬＴＣＭ（ヘッジファンド）破綻、２０００年のＩＴバブル崩壊、01年のアメリカ同時多発テロ、02年のアメリカ会計不信、07年のサブプライムローン問題表面化、08年のリーマンショック、11年の欧米財政不安（政府債務危機）といったショックが、日本と欧米の株式市場にダメージを与えてきました。

アジア通貨危機にしても、ロシア通貨危機にしても、リーマンショックにしても、金融機関などの一般的な想定としては、せいぜい十数年（あるいは数十年）に一度とか、百年に一度しか起きないと考えられていた規模の、為替レートや株価の暴落を引き起こしました。想定上はめったに起きないはずの金融ショックが、現実には、こんなにひんぱんに起きるようになったわけです。

「長期投資なら大丈夫」が無責任なワケ

数年おきに株式市場全体の暴落が起きると、株式投資のパフォーマンスはどうなるのでしょうか。各月の初めから日経平均株価に連動する投資――たとえばインデックスファンド（株式投資信託）の購入をしたとして、それから1年間での「最大下落率（＝元本の最大損失率）」をみたのが、図8です。1年以内の投資としておこなった場合、売るタイミングが悪ければ、図が示すところまでの損失がありえたのです。

こうした図解は、金融機関が株式投資信託などを販売するときのパンフレットによく出ています。「N年間での最大下落率」は、金融商品のリスクを把握するときの基本指標のひとつなのです。

図8　各月初からの日経平均株価の最大下落率①

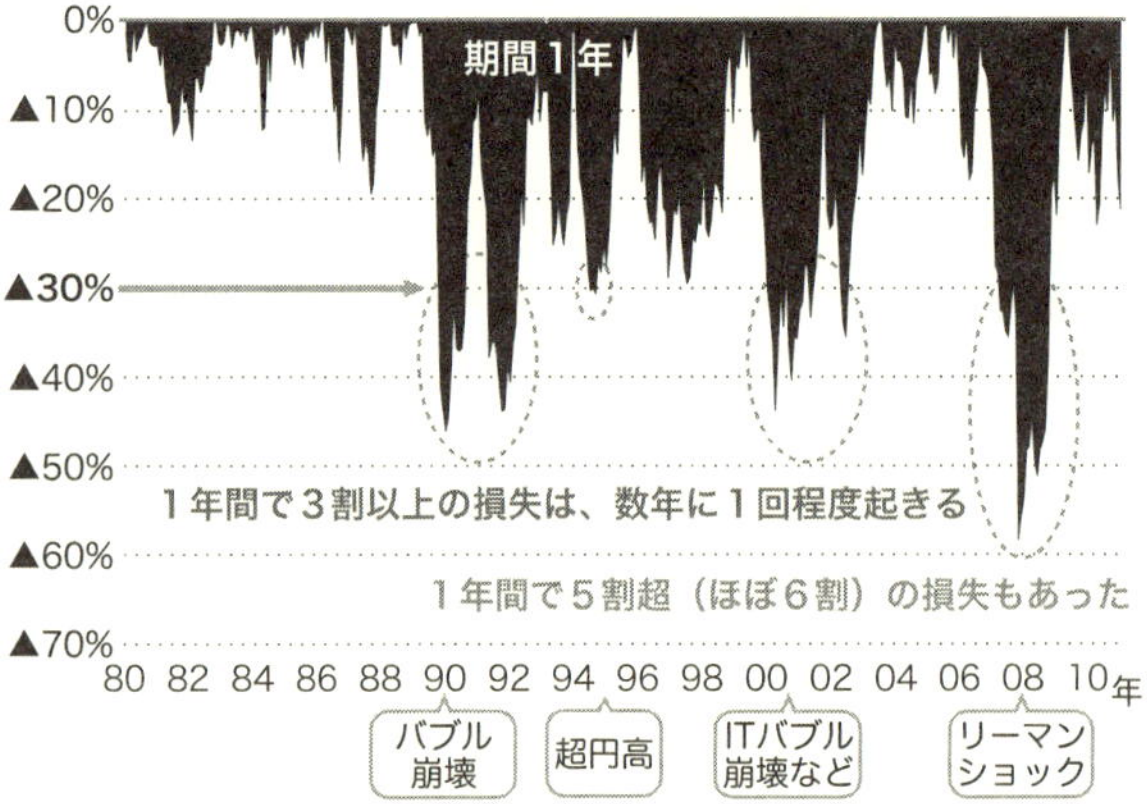

図8をみると、1990年代以降、日経平均株価連動の投資が1年間で3割以上の元本損失につながる状況は、数年に1回のペースで生じていたといえます。1年間で4～5割の損失につながる状況もありました。……日経平均株価に連動する投資は比較的安全だという、デタラメな解説をする人がいますが、じつはかなりハイリスクだとわかります。

ここで強調したいポイントは、そうした損失を放置し、株式投資信託などを塩漬けにして保有し続けるとどうなるかです。本章の冒頭で紹介した「長期投資なら大丈夫」というアドバイスにしたがうと、なにが起きるかを、データで検証しましょう。

より長期の8年間での最大損失率をみたのが、

図９　各月初からの日経平均株価の最大下落率②

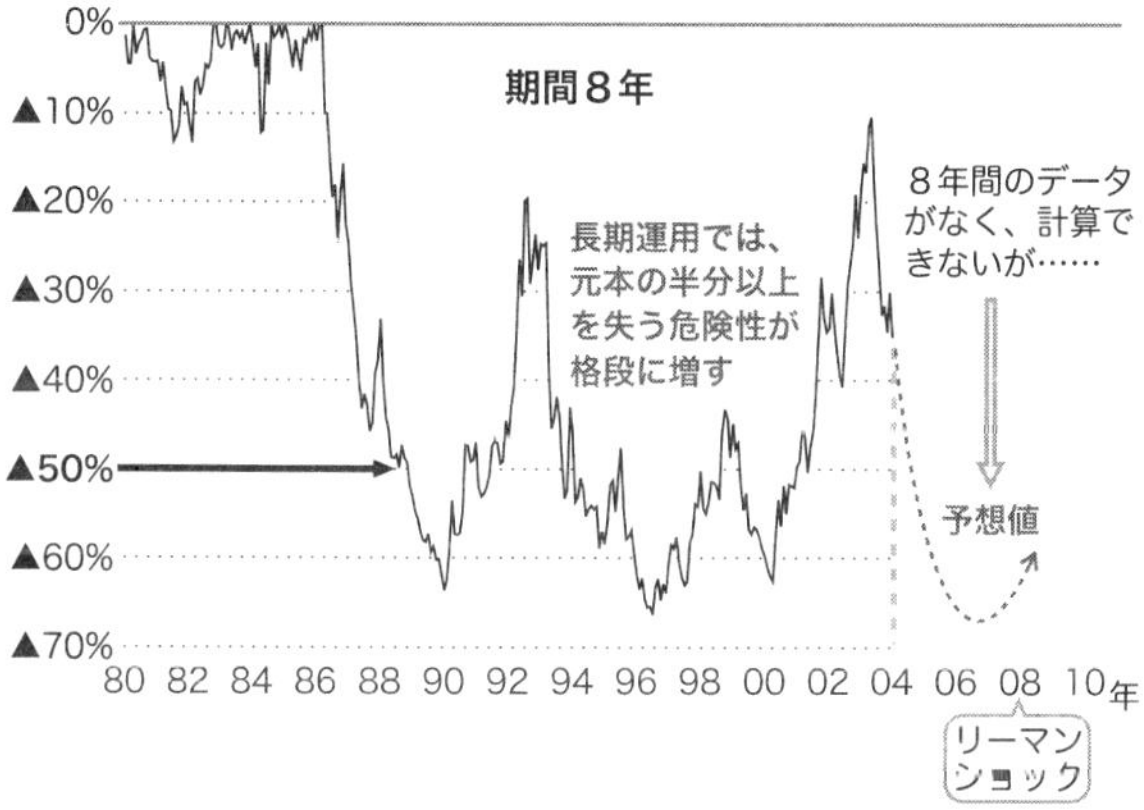

図９です。１９９０年以降でみると、最大下落率が５割以上になる確率――元本の半分以上を失う危険性は、じつは相当に高く、１年以内の短期投資よりも、長期投資のほうがずっと危険だったとわかります。

数年に一度のペースで暴落が起きるのですから、長期投資をおこなうと、投資期間中に複数回の暴落におそわれやすく、そうなると、日経平均株価連動の株式投資であっても、元本が３分の１程度にまで減ってしまう危険性は十分にあるのです。また、個別銘柄について同じような計算をすれば、もっと危険だとわかるでしょう。「長期投資なら大丈夫」というアドバイスは、こうした過去のデータを無視していて、本当に無責任なものです。

図10　各年初からの日経平均株価の最大下落率

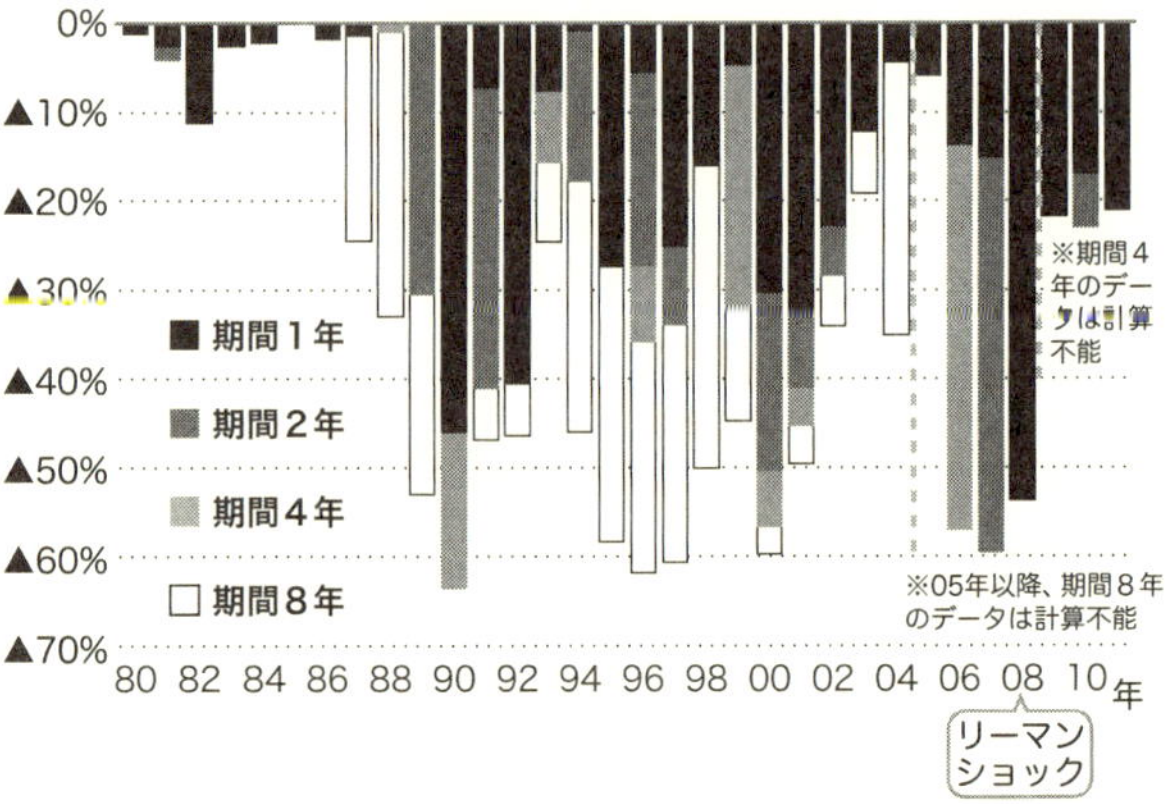

投資期間が長いほど大損している

確認のため、投資期間を1・2・4・8年と、2倍ずつ延ばしてみたときの最大下落率の変化を、**図10**でみてみましょう。グラフをわかりやすくするために、各年の初めからの投資についてだけ、計算しました。

投資期間を延ばすほど最大下落率は大きなマイナスになります。バブル崩壊が起きた1990年のグラフでは、期間8年を示す白いグラフが隠れていますが、期間4年での最大下落率と同じだからみえないだけで、それだけ短期で急落したことがわかります。また、2005年以降については、まだ期間8年の最大下落率が計算できません。

そうした時期を除くと、全体的に、投資期間

図11　各月初からの日経平均株価の最大上昇率

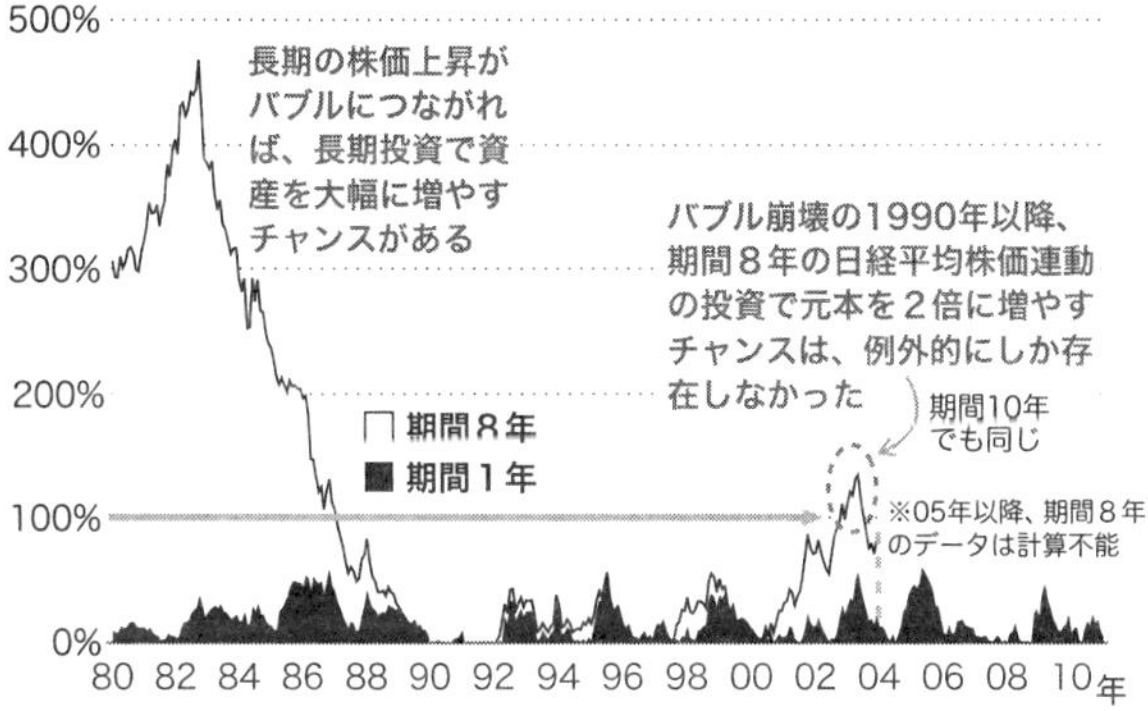
500%
400%
300%
200%
100%
0%
80 82 84 86 88 90 92 94 96 98 00 02 04 06 08 10年
長期の株価上昇がバブルにつながれば、長期投資で資産を大幅に増やすチャンスがある
バブル崩壊の1990年以降、期間８年の日経平均株価連動の投資で元本を２倍に増やすチャンスは、例外的にしか存在しなかった
期間10年でも同じ
期間８年
期間１年
※05年以降、期間８年のデータは計算不能

が長期になるほど、元本損失が大幅になりえたことが明らかです。また、各年の1月初めからの投資しかグラフにしていませんから、実際には、図が示すよりも危険性は高いといえます。

もちろん、**図8～10**のグラフは、成功したときの元本の増え方と比較して評価すべきものです。そこで今度は、期間1年と8年で、各月の初めからの日経平均株価連動投資の最大上昇率を、**図11**で示しました。

1980年代前半に長期の株式投資を始めた人は、1980年代後半のバブル経済の時期に投資ができましたから、もしバブルのピークあたりで投資を終えていれば（実際には、相当にむずかしいことですが）、200～400％程度の上昇を達成し、元本を3～5倍に増やせた可能性があります。……たとえば100%上昇なら、2倍になり、400%上昇なら、5倍になります。

しかし、これは日本の株式市場で大きなバブルが生じていたからです。1990年にそのバブルが崩壊してからは、期間8年の日経平均株価の最大上昇率が100%を超えた時期は、短い一時期だけで、例外的だったとわかります。この結論は、期間を10年にしても変わりません。

バブル崩壊後は、よほど上手にタイミングを選んだとしても、日経平均株価連動の長期投資で、元本を2倍以上に増やせるチャンスは、きわめて例外的にしか存在しなかったといえます。しかも、図をよくみると、最大上昇率が50%を超えていた時期さえ例外的だといえそうです。長期投資で元本を1・5倍に増やすチャンスも、さほどなかったようです。

それなのに、元本の3分の2を失い、3分の1にまで減らしてしまう危険性は十分に高かったのですから、長期の株式投資がいかに割に合わないかが、明確にわかります。いまや、長期投資は危険きわまりない投資手法だと考えるべきです。

バブルや暴落が起きやすくなった理由

美愛　バブルって、これからもときどき起きるの？
財豊　起きるよ。絶対になくならない。みんな、バブルで踊るのが好きだからね。
官上　人間なんて、欲望のカタマリでしかないってこと、欲望の街で働く美愛ちゃんならわかるでしょ。
美愛　それはわかりますけど、欲のない若い子も増えているっていうし……。大人のなかでも、疲れちゃって欲なんか湧かないって人も増えたから、この店もお客さまがずいぶん減りましたよ。
財豊　単に、おカネがないと元気も出ないってことで、おカネが先か欲が先かって話だと思うな。いずれにしても、金融市場などで大金を動かす人たちは、いまも変わらずに強欲だよ。だから、バブルは次々に起きる。
美愛　強欲だとバブルが起きるっていわれても……。ちょっとはそうかなって思いますけど、私、日本のバブル経済を知らないから、納得できません。

財豊　そりゃそうだね。じゃあ、説明してあげよう。

美愛　とにかく、わかりやすい話でお願いします。

財豊　過去のバブルは、基本的に金利が低いときに起きていて、1980年代後半の日本のバブルも、日本銀行が政策手段としていた金利を、当時としては史上最低の水準にまで引き下げたことが原因だった。

美愛　いまも金利がすごく低いから、バブルは起きやすいはずなんですね。でも、金利が低いと株価や地価のバブルが起きる理由がわかりません。

官上　適切な質問だね。教授、そもそも、株価がどう決まるかを説明しないと、美愛ちゃんは納得しないと思いますよ。

——美愛のアタマの回転がはやいところを気に入っている教授は、ニコニコしながらiPadを取り出した。

財豊　この図をみてごらん（**図12**）。企業Aの株価について考えるとして、これから5年間の利益が合計でいくらになるかが、株価に影響するとしよう。そして、企業Aは毎年2000万円の利益を稼ぐとする。

図12　金利が下がると株価が上がる理由

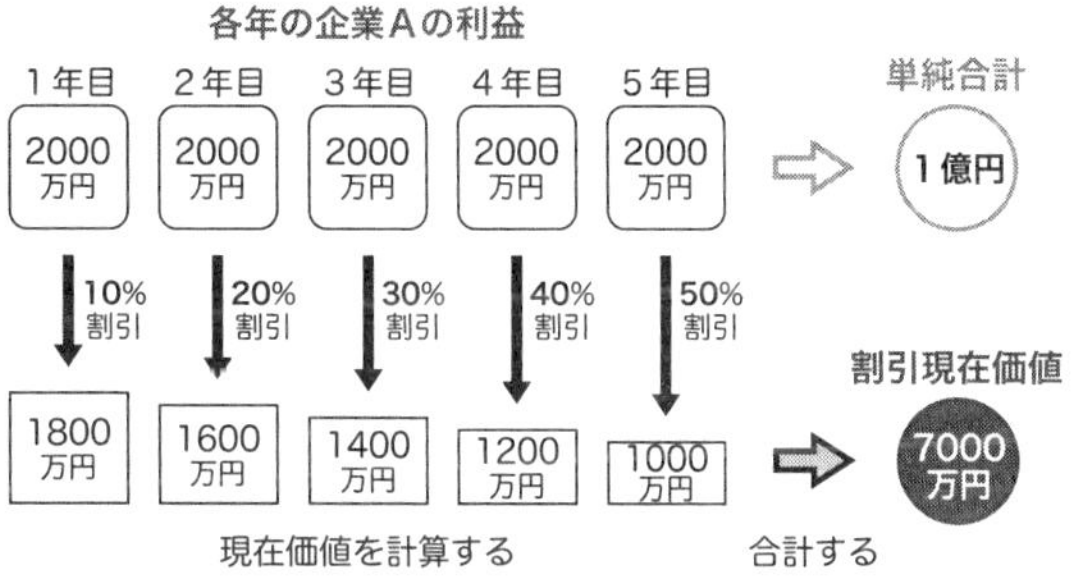

美愛　他の計算は嫌いだけど、おカネの計算は得意なのよ。年2000万円で5年間なら、計1億円ね。

財豊　計算は正解だけど、計算方法がまちがっている。5年間の利益を単純に合計しちゃ、ダメなんだ。

美愛　官上さん、教授がイジワルなことをいうんですけど……。

官上　いや、単純に足しちゃダメなんだよ。だって、いますぐもらえる1万円と、5年後にしかもらえない1万円は、価値がちがうと思うだろ。それを調整してから足さないと。

財豊　たとえば、1年後にもらえるはずの1年目の利益は、いますぐもらえるおカネよりも、10%価値が低いとして、2年目の利益は20%価値が低く、……5年目の利益は50％価値が低いとしよう。図に具体的な数字があるけど、これを足すと、計7000万円になる。

官上　割引現在価値と呼ばれるものですね。

財豊　そんなむずかしい言葉は覚えなくていいから、割引が大きいほど、株価を決める基準となる5年間の利益は、減ることを確認してほしい。

美愛　割引がなければ1億円なのに、割引があるから、1億円より減った。だから、割引が大きいほど、株価の基礎になる金額も減るっていうのは、納得できます。

財豊　この割引に使う率は、金利に対応しているんだよ。1年後とか5年後にもらえるおカネを当てにして、おカネを借りることを考えると、意味がわかりやすいはずだ。

美愛　その年数ぶんだけ金利を払うことになるから、それを引いて評価するってことね。

財豊　だから、金利が高いほど、利益の合計金額は下がり、それに連動して決まる株価も、当然下がる。

美愛　利益の合計が下がれば、株価が下がるのは、納得できます。

財豊　これで、金利が下がれば、株価が上がるメカニズムがわかったと思うけど、いまひとつ納得しにくいかもしれないから、別の説明もしよう。

官上　教授は、きっと大学では本当にていねいに教えているんでしょうね。

財豊　今度は、ある企業を買収したカリスマ経営者が、利益を3倍に増やして、いまは100円の株価を、5年後には300円にまで引き上げると宣言し、みんながそれを信じたとしよう。

美愛　将来300円になる株なら、いまの100円よりもっと高い株価でも買いたい。

財豊　そう。でも、いくらの株価までなら買うかは、悩むところだ。

美愛　うーん、200円かなぁ。

財豊　200円で買って、5年後に本当に300円になったら、5年で1・5倍だね。本当は複利で計算するところだけど、面倒だから単利で計算すると、年10%のリターンといえる。

美愛　なるほど。年10%のリターンが希望なら、200円で買うってことしね。

図13　求める利益率に応じて上昇幅が決まる

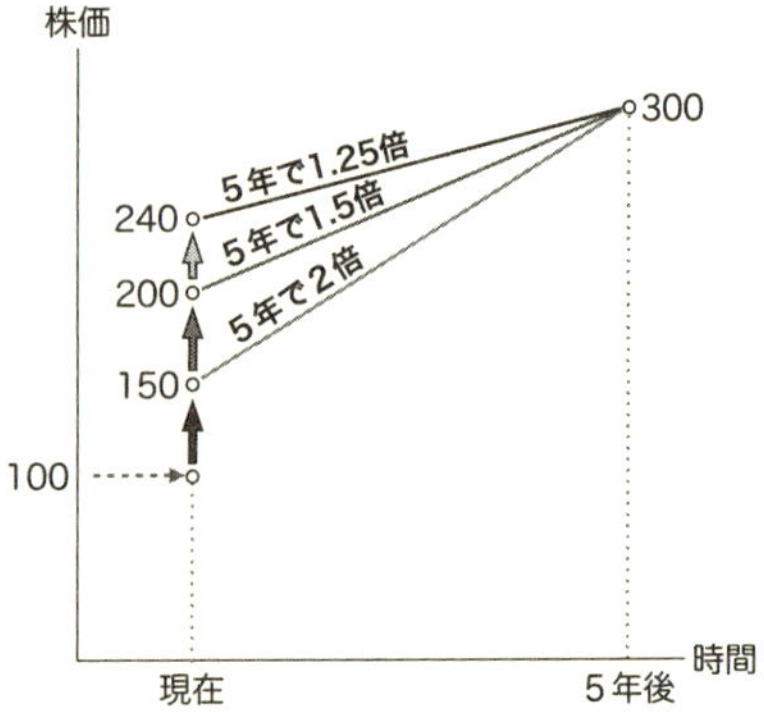

財豊　あくまで単利で計算するけど、年20%のリターンが希望なら、150円で買う。5年後に300円なら、2倍。

美愛　2倍はプラス100%だから、たしかに年20%ね。でも、年20%は高望みのしすぎじゃないの？

財豊　どれだけのリターンを期待するかは、そのときの経済状況によって決まる。それで、年5%でもいいなら、240円という株価でも買う気になる。

美愛　240円から300円への上昇なら、1・25倍。25%の上昇だから、年5%のリターンね。

財豊　いままでの話を図にしたのが、こっちの図だ（**図13**）。みんなが期待するリターンのことを期待リターンと呼ぶが、ポイントは、期待リターンが低いときに、株価についての好材料があると、株価は大幅に上昇しやすいってこと。

美愛　それで、肝心の期待リターンはどう決まるの？

財豊　安全な預貯金の場合、金利こそがリターンになる。株はリスクがある。いくらカリスマ経営者でも、失敗して株価が上がらないリスクはある。もちろん、もっと株価が上がる可能性もあるけど。

美愛　だから、株の期待リターンと金利は別の数字になるけど、関係はあるってことね。

財豊　こんな関係になる（**図14**の左側）。株のようにリスクがある資産に対する期待リターンは、安全な資産の金利に、リスクに応じた上乗せをしたものになるんだ。

官上　上乗せ部分は、リスクプレミアムと呼ばれるものですね。

美愛　リスクプレミアムって、なんかむずかしそうだから、とりあえず考えないとして……。金利が下がれば、期待リターンも下がって、株価の上昇幅も大きくなりやすいってことね。

図14　リスク資産への期待リターンの低下

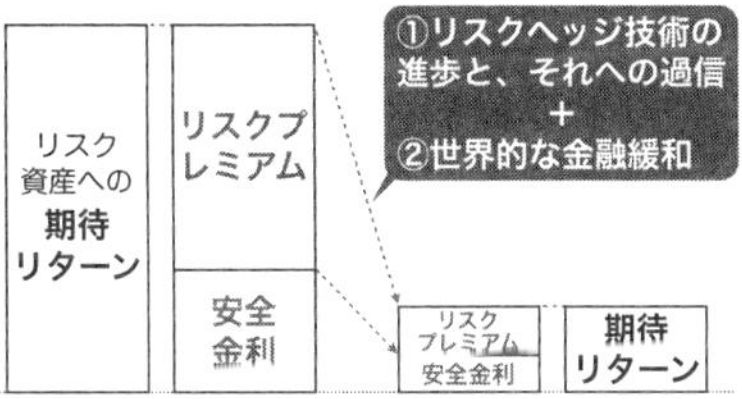

財豊　現実に、期待リターンはかなり低くなっているとみるべきだね。世界的な金融緩和で、安全金利が超低金利になったことと、もうひとつ理由がある。

美愛　期待リターンは安全金利とリスクプレミアムに分かれるから、もうひとつの理由は、リスクプレミアムについての話ね。

財豊　そうなんだ。金融機関が投資のリスクを減らすための技術——リスクヘッジ技術を進歩させ、しかも、それを過信しているから、リスクプレミアムをほとんど求めなくなっている（**図14**の右側）。ときには、リスクプレミアムがゼロでもいい。

官上　金融工学の計算は、ヘッジによってリスクプレミアムをゼロにできるという前提でおこなわれますからね。

美愛　だから、期待リターンはとても低いとして、それなら株価はなぜ上がらないの？

財豊　もともと、景気が悪くて、今後の景気についてもネガティブな見方が多い。企業の利益がなかなか回復しないとみんなが思っているから、そもそも株価はもっと下がっても不思議じゃない。

美愛　期待リターンの低下が、株価の下落を防いでいるけど、企業利益そのものが増えそうにないから、株価がなかなか上がらないのは仕方がないってことですね。

財豊　とはいえ、利益を増やしている企業もあるから、そういった企業の株価は急騰しやすい。低金利だと、やはり、世界のどこかでバブルが起きやすいといえる。

美愛　だから前回、アメリカのアップルの株価高騰の一部分はバブルじゃないかと、おっしゃったんですね。

財豊　十分に高い利益を稼いでいる企業だから、実力による値上がりとしてすべて説明できるかもしれないし、本当のところはわからないけど……。

美愛　ところで、バブルって、どうやって起きるんですか？

財豊　先ほどの図を少し書き直したのが、こちらの図だ（**図15**）。当初の株価をAとして、5年後に株価がBまで上がるとみんなが予想するようになったとする。ただ、少し時間をかけて、その予想が株価を動かしたとして、高金利や高リスクのために、期待リターンが高ければ、図のDを経由してゆっくり上昇する。

図15　株価上昇がバブルにつながるとき

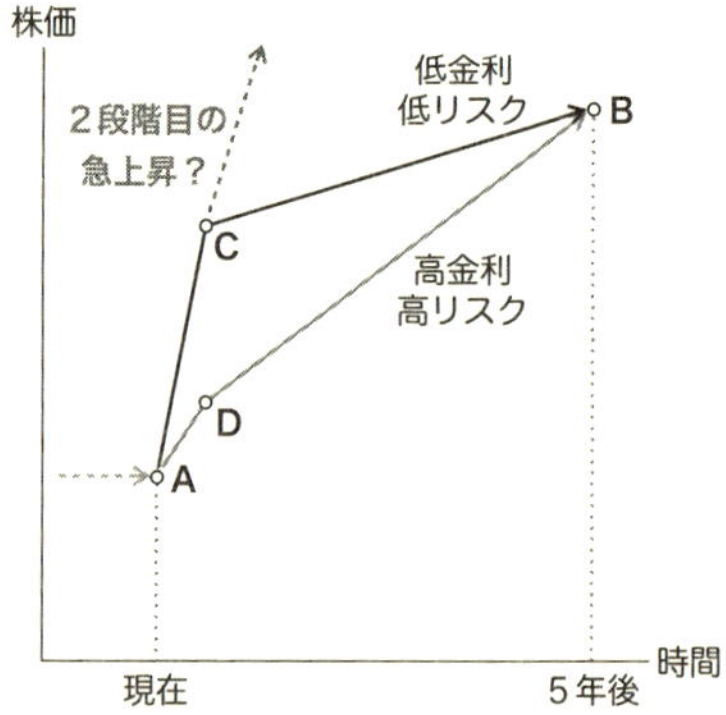

美愛　でも、金利が低くて、リスクも低いとみんなが考えていれば、図のCを経由する線にそって、まず急上昇するってことですね。

財豊　その急上昇が注目され、他の人たちが、Cのところでもどんどん買うと、さらに急上昇することがある。

美愛　でも、2段階目の急上昇には、きちんとした理由がないのでは？

財豊　そう。でも、実力を超える上昇にみえても、とりあえず、上昇が続く限りは自分も買っておこうとする人たちが出てくる。しかも、実力を超える上昇だと思っているからこそ、下落する前に儲けようと考え、おカネを借りてまで急いで投資すると……。

美愛　わかりましたよ。それがバブル発生のメカニズムですね。

財豊　つぎの図をみてほしい（図16）。みんなが実力を反映した株価だと思っていたAの株価から、なぜかBにまで上昇したときに、疑問をもちながらも、上昇中はとりあえず買っておこうとする人たちがいると、さらにCにまで上がる。上昇に疑問をもっていた人も、結果として上がったのをみて、あわてて買う。

図16　バブルの発生・成長・崩壊

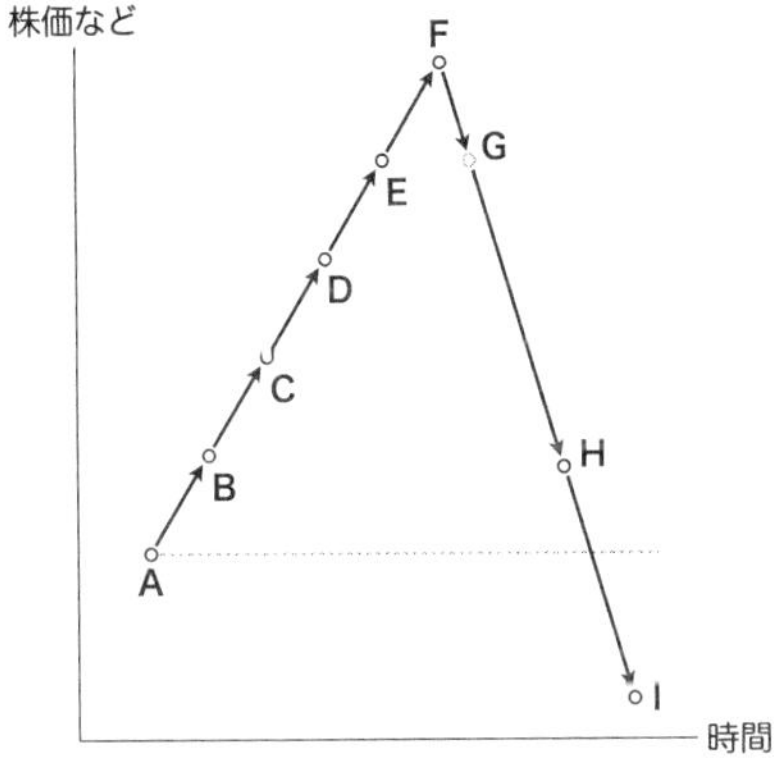

美愛　なるほど、不思議に思っていても、どんどん上がるのをみると、自分も買わなきゃと思う人が増えて、D、E、Fと上がっていくわけですね。

財豊　こうして発生するバブルの大きな問題は、借金をして株を買い、その株で儲けたおカネで借金を返そうとする人も多いことだ。

美愛　アメリカの住宅バブルも、そんな感じでしたね。

財豊　そう。借金がエネルギー源にふく

図17　リスクヘッジが生む暴落の加速

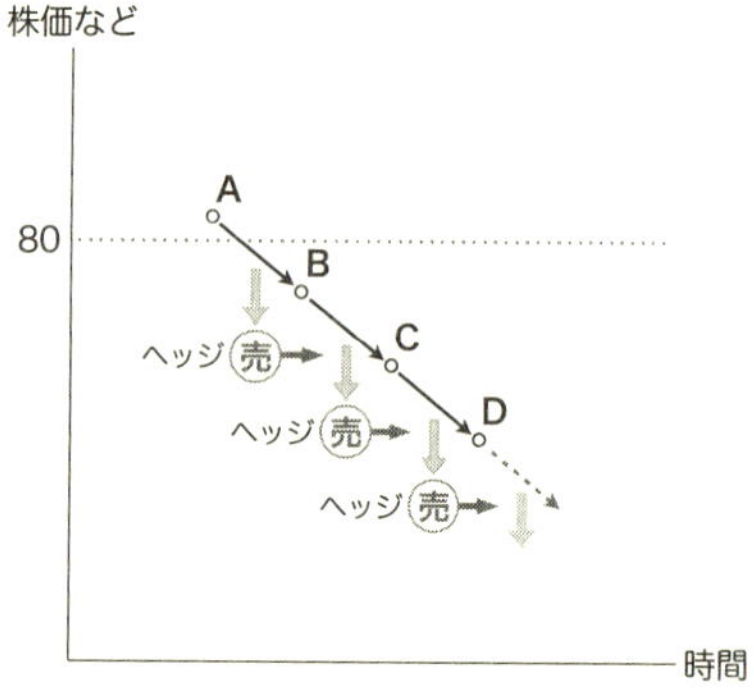

まれているバブルは、なにかの拍子で下落が始まると、借金を返せない人が出てくるから、図のGまで下がったことをきっかけに、一気にH、Iまで下落したりする。

美愛　バブル崩壊ってやつね。借金をした人もいるぶんだけ、最初のAよりも、もっと下落しちゃうんですね。

財豊　下落が急激になりやすいのには、他にも理由がある。しかも、そのメカニズムは、バブルの反動でなくても起きる。

美愛　恐い話ですね……。

財豊　ここでも、金融機関や機関投資家のリスクヘッジ技術が関係してくる。どんな手法をもちいても、価格下落のリスクから確実に逃げる方法はひとつで、その資産を売ることだ。そこで、株価が許容範囲を超えて下落すると、リスクから逃げたい金融機関などが、自動的にその株を売り始める。

美愛　みんながそんなことしたら、株価がもっと下がってしまうのでは？
財豊　そうだよ。この図にあるように、下落とヘッジによる売りが悪循環を起こすことがある（**図17**）。このメカニズムが暴落を大規模にすることは多いから、よく覚えておくことだ。
美愛　暴落とか転落とは無縁の人生を送りたいんですけど……。
官上　いかにも本音って、言葉だね。

投資の成功と失敗の割合が同じでも損をする？

本章前半では、過去20年以上のデータに基づいて、日経平均株価連動の長期投資をおこなうなら、元本の6〜7割を失う危険性を覚悟すべきだと指摘しました。他方で、元本を1・5倍とか2倍に増やすチャンスは、例外的にしかないことも示しました。

これを単純化して、かつ楽観的な数字にして、たとえば、成功時にプラス50%、失敗時にマイナス50%の投資をしているとみるなら、なんとなく、さほど不利には思えないという人もいるかもしれません。さらに、元本を1000万円と想定して、成功時にはプラス500万円、失敗時にはマイナス500万円で、かつ、成功・失敗の確率は半々と強気に予想するなら（実際には、成功・失敗の確率は、失敗のほうがもっと高いのですが）、まあまあの投資だと感じる人もいるでしょう。

しかし、プラス500万円でプラス50％と、マイナス500万円でマイナス50％を比べて、バランスがとれているように感じる人は、数字のトリックにだまされています。トリックを見破るには、数十年の人生のなかで、そのような投資をくり返したときに起きることを想像してみるべきです。

元本1000万円を投資して、一度、50％を失うと、元本は500万円に減ります。つぎにプラス50％の運用ができても、元本500万円のうちの50％アップですから、プラス250万円で、元本は750万円にしか増えません。この、先に下落してから、つぎに上昇という順番をひっくり返して、まずは、元本1000万円が50％増えて、1500万円になってから、つぎに50％減ったとしても、元本は750万円になります。

これを「リスクがあるときの複利効果」と呼ぶことにしましょう。複利とは、金利がつくとか値上がり・値下がりをするとかの変化があったら、そのつぎは増減後の金額を基準

図3　1990年以降、大きな波を描きながらの下落傾向が続く

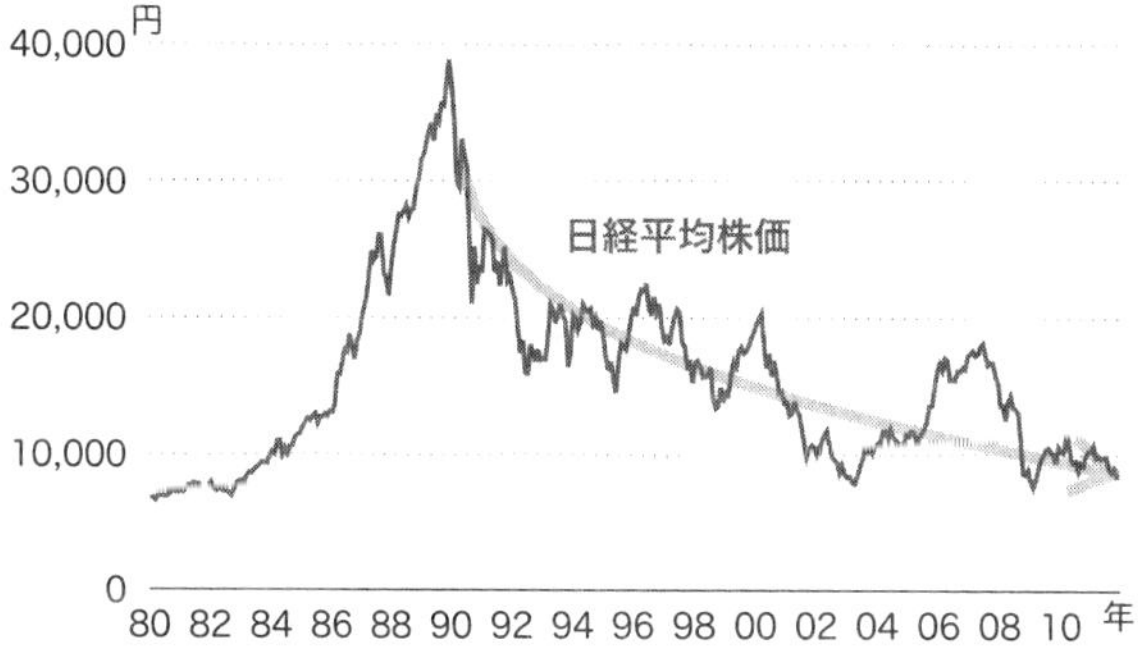

にまた金利がつくとか値上がり・値下がりがあるということです。

複利は、少しずつでも増えるばかりの預貯金などでは、資産を雪ダルマ式に増やす効果をもちます。でも、増えたり減ったりするリスクがある投資では、同じ%での上昇・下落がワンセットで起きると、当初の元本には戻らず、当初より減ってしまうという複利効果をもたらします。

この、リスクがあるときの複利効果を意識して、**図3**のグラフをもう一度みてみましょう。バブル崩壊後の日経平均株価は、大幅な上下をくり返していて、そのなかで、長期トレンドとしては下落しています。リスクがあるときの複利効果の話が、見事に当てはまっています。

実際には、いろいろな株式投資の方法があり、日経

図18　リスクのある複利は独り勝ちにつながる

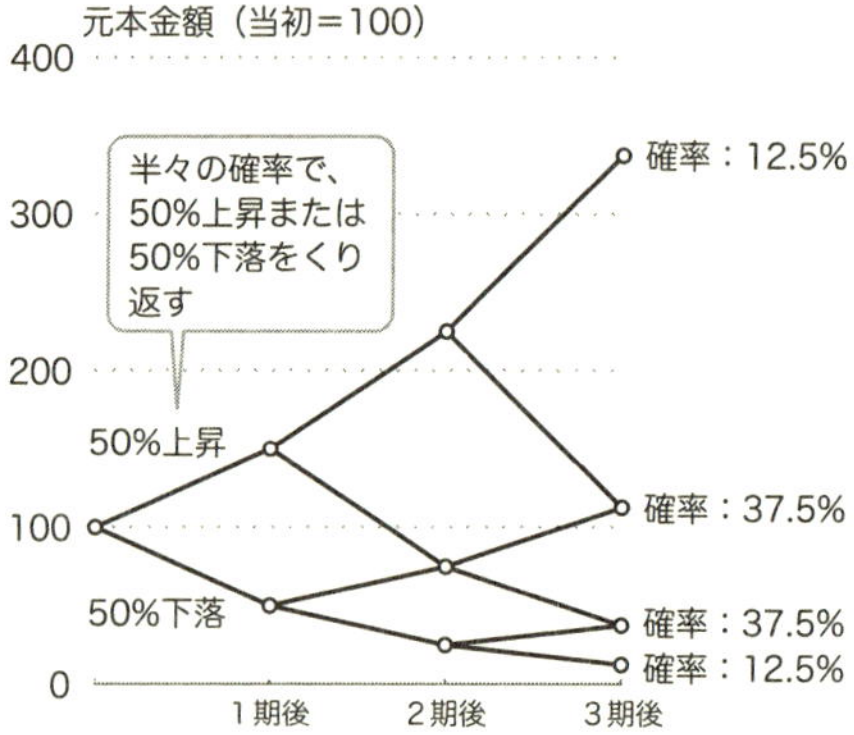

平均株価が下落すると予想したなら、先物取引やオプション取引などを使って、株価下落に賭けることもできます。相場が下落傾向にあっても、短期の予想を当て続ければいいわけで、この点は、ＦＸのデイトレードなどをやっている投資家なら、当然わかっていることです。

いろいろな投資家が、それぞれの相場観で賭け続けたとき、複利効果はどう働くのかを、単純な数値例で示したのが、**図18**です。当初の元本金額を１００として、プラス50％とマイナス50％の結果が半々で生じる投資を、３回（３期間）くり返したとします。また、個々の投資家は上昇・下落をランダムに予想すると考えましょう。

確率的には、３回連続で賭けに勝ち（相場予想を当てて）、元本を約３・４倍に増やす投資家が、

図19 多数派に入った投資家は、資産を減らしやすい

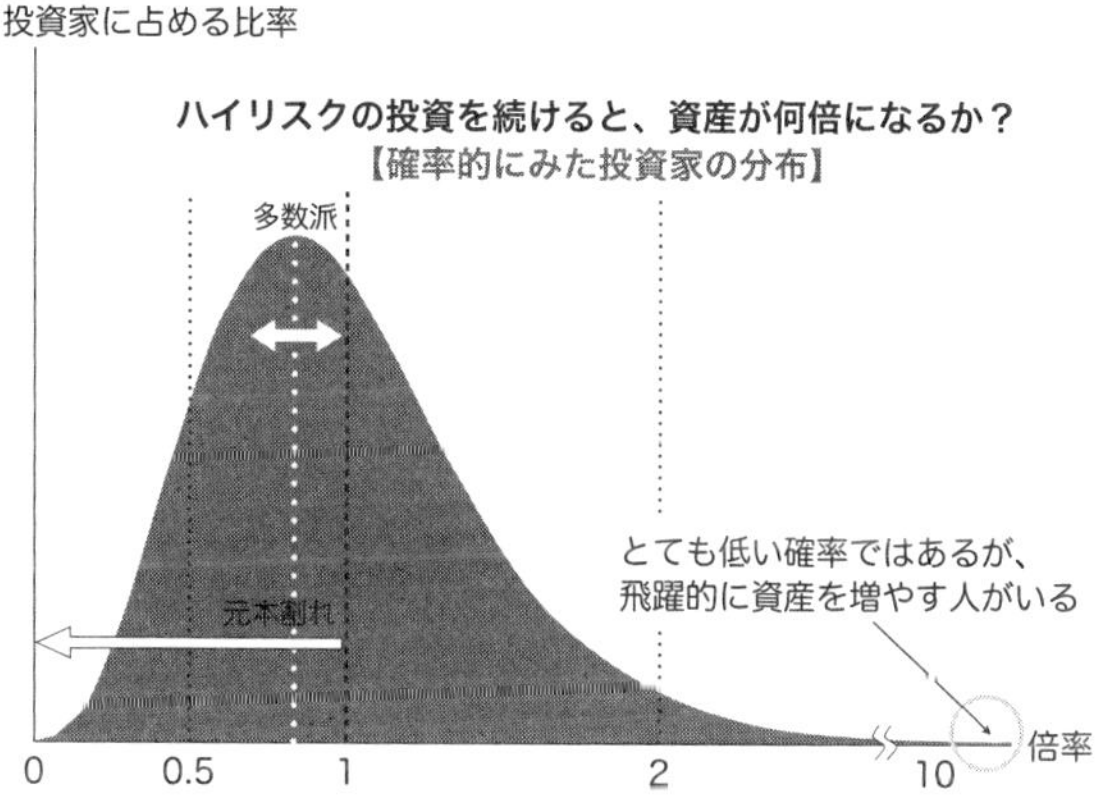

8人に1人（12・5%）の割合で存在します。50%上昇が3回で、単利計算ならプラス150%で2・5倍になりますが、上昇の連続によって複利効果の恩恵をたっぷりと受け、約3・4倍まで増えます。

ところが、2勝1敗の投資家は、元本が約1・1倍にしかなりません。プラス50%を2回勝ち取っても、1回のマイナス50%が大きく利くため、少ししか増えないのです。8人に3人が、このグループに入ります。そして、半分の投資家は負け越して、元本を大幅に減らします。

結局、リスクがあるときの複利効果は、一部の投資家の「独り勝ち」を生みます。もっと細かくシミュレーションをすると、たとえば、**図19**のようになります。長期間、ハイリスクの株式市場などで投資を続けた投資家が、資産をどの倍率で増やしたか（あるいは減らしたか）について、単純なシミュレーションをおこない、それぞれの倍率になった投資家の比率をグラフで示しています。

前提条件を変えれば、グラフの形状（確率的にみた投資家の分布）も相当に変化しますが、共通する結論が2つあります。第1に、多くの投資家は、勝ち負けがバランスしていても、リスクがあるときの複利効果が利くために、最終的には資産を減らします。第2に、とても低い確率ではありますが、ほとんど負けなしで勝って、資産を飛躍的に増やす投資家もいます。

複利効果を考えると、ハイリスクの投資は「宝クジ」のような性質をもつのです。多数の投資家が少しずつ損をして、そのぶんだけ、ごく一部の投資家が巨額の儲けを得るという意味です。もちろん、これは株式投資などのある側面だけを強調した話ですが、ときどき暴落が起きると、それ以外の期間では上昇トレンドがあったとしても、長期では、多くの投資家が資産を減らしやすいことがわかるでしょう。

第3章 分散投資ではもはや資産は守れない

メガバンクの株価は驚くほど連動している

前の章で、日本の株式市場での長期投資なら、元本の3分の2を失う覚悟がいることを解説しました。ただしそれは、日経平均株価に連動する株式投資——十分に銘柄を分散してリスク抑制効果を利かせた株式投資での話でした。

ひとつの銘柄にしか投資をしないとか、数銘柄にしか投資をしないとか、あるいは特定分野の銘柄に集中投資する株式投資信託を買うような場合、リスク分散の効果が消えるぶんだけ、もっと大幅な元本損失の危険性があるはずです。

他方、アメリカの株式市場などにも投資をするとか、不動産やコモディティをふくめるとかで、より広い分散投資をすることが可能です。その場合、リスクをもっと抑制できる

図20　同業種の株価は連動しやすい

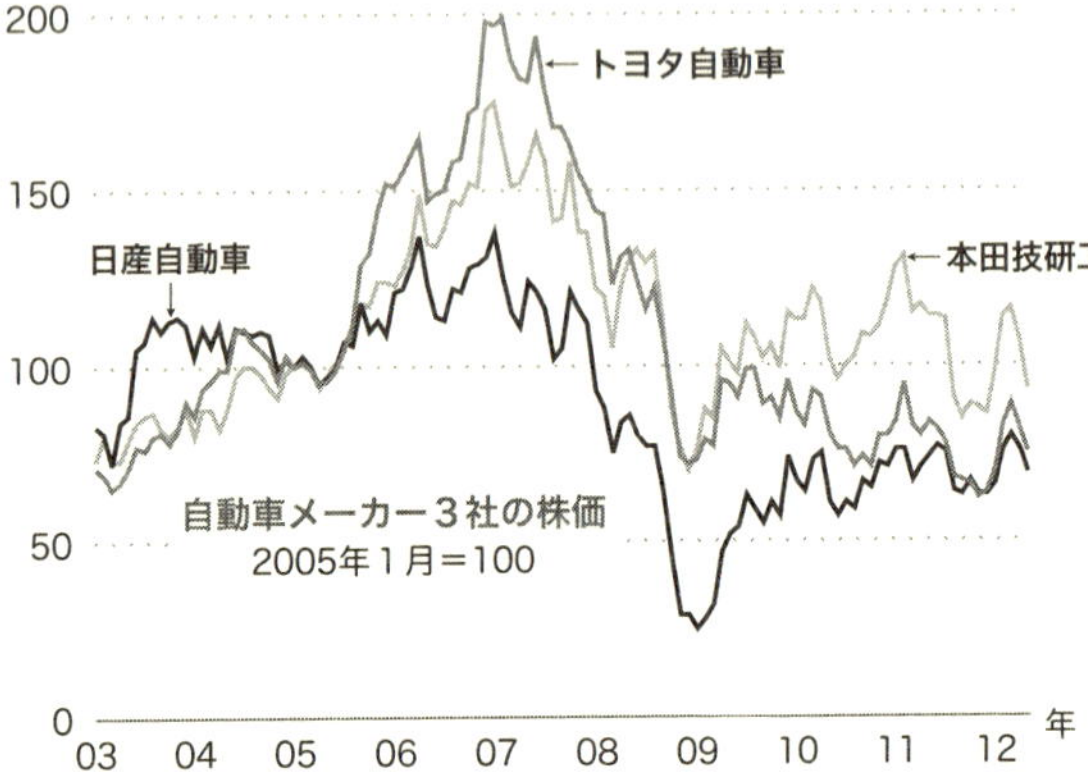

と期待されます。

本章では、分散投資の効果が、いまと昔でどれほど異なっているかを、データに基づいて説明します。結論から先にいえば、分散投資がリスクを減らす効果は、驚くほど大幅に低下しました。……リスクを抑えながら株などに投資をしたい投資家にとっては、悪いニュースです。

いろいろな組み合わせでの分散投資が考えられますので、順にデータをみていきましょう。まずは、同じ業種の企業の株価はもともと連動しやすいことを、**図20**で確認します。トヨタ自動車、日産自動車、本田技研工業（ホンダ）の自動車メーカー3社の株価を、2005年1月を100としてグラフ化しています。

本書での基本的な姿勢として、長期データについてのなんらかの計算をするときには、2011年までの期間で計算しています（執筆は12年の途中でしたから、12年途中までのデータをグラフに示すとしても、計算には使いませんでした）。図にある自動車メーカー3社の株価連動が特に強くなったのは05年からなので、05〜11年の期間で、2社ずつの「相関係数」を計算してみます。

相関係数は、プラス1からマイナス1までの値をとり、プラスの値であれば、2系列のデータが全体的に同じ方向に動きやすいといえます。ただし、相関係数がゼロに近ければ、連動の程度は弱く、1に近いほど（たとえば0・8とかなら）、連動の程度は強くなります。相関係数がマイナスなら、2系列のデータが全体的に逆の方向に動きやすく、その値がマイナス1に近いほど、逆方向に動くというかたちでの連動が強いといえます。

2005〜11年の株価の相関係数をみると、トヨタと日産の組み合わせでは0・85、トヨタとホンダの組み合わせでは0・89、日産とホンダの組み合わせでは0・81ですから、強く連動しています。

もともと、同じ業種の企業の株価は連動しやすいのですが、もっと以前のデータをふくめると、相関係数は少し下がりますから、最近になって、株価連動の程度がさらに高まってきたといえます。いずれにしても、同業種の企業の株価は強く連動しやすいので、同業

図21　業績が異なっても、株価は強く連動

種の株で分散投資をしても、リスク分散効果（リスクを抑える効果）はかなり小さいと考えるべきです。

もっと極端に株価が連動している業種もあります。**図21**でその株価推移を示した銀行業です。……実際には、各銀行の持株《もちかぶ》会社の株価をみており、三菱ＵＦＪフィナンシャル・グループの株価として示したものは、東京三菱銀行（ＵＦＪ銀行を救済合併する前）の持株会社だった三菱東京フィナンシャル・グループの株価をふくみます（２００３～05年）。

再編が相次いで、三菱東京ＵＦＪ銀行、三井住友銀行、みずほ銀行の3メガバンクに集約されてからの、２００６～11年の株価の相関をみると、どの2行の組み合わせでも、相関係数は

０・99となっており、驚くほど株価が連動しています。それぞれの持株会社の業績には差があり、特定のメガバンクだけが経営危機を心配された時期もあったのに、これほど株価が連動しているのは、とても不思議なことです。

異なる業種への分散投資も無意味になった

いずれにしても、同じ業種の株価の連動性は強く、だからこそ、日本の株式市場全体の総合的な動向を示す株価指数——たとえばＴＯＰＩＸや日経平均株価に連動する分散投資をめざす場合も、ひとつの業種から選ぶ銘柄は少なくていい（業種によっては、ひとつの銘柄で十分）とされています。

そのため、日本の株式市場のなかでいろいろな銘柄を選んで、リスク分散効果を利かせたいときのポイントは、異なる業種の企業の株価が、どれほど連動するかです。連動が強いとなると、リスク分散効果が期待できませんから、株価が逆方向に動きやすい銘柄（業種）や、連動が弱い銘柄（業種）がある程度ふくまれていることが大切です。

問題は、異なる業種から2銘柄を選んで組み合わせて、相関をチェックしようとすると、膨大な組み合わせについて相関係数を計算して評価することになる点です。これに対して

図22　各銘柄と市場全体の相関をみるという考え方

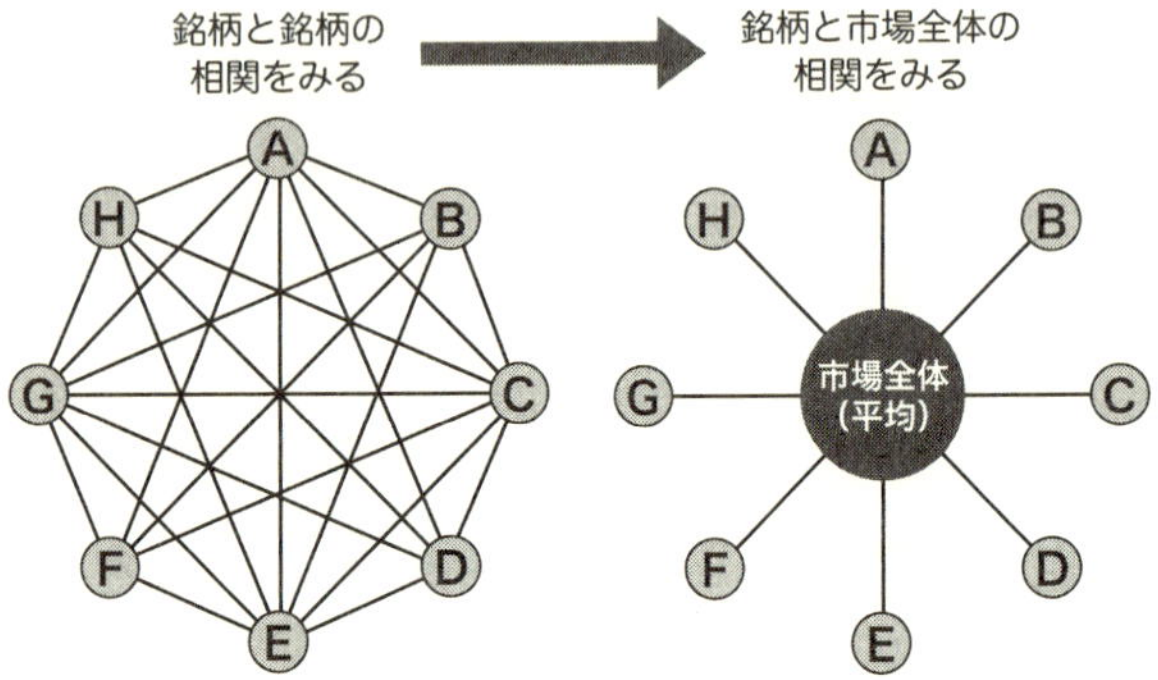

は、「銘柄Aと銘柄B」の相関ではなく、「銘柄Aと市場全体（市場平均、たとえばTOPIX）」の相関をみることで、計算作業を劇的に減らすことができます。

たとえば**図22**をみると、左側はA〜Hまでの8銘柄について、銘柄と銘柄の相関をチェックするには、8×7÷2＝28で、28個の相関係数を計算する必要があることを示しています。他方、図の右側のように、各銘柄と市場平均との相関をチェックするやり方に変えれば、8個の相関係数の計算だけで済みます。

しかも、両者の作業量の差は、チェックしたい銘柄の数が増えると、劇的な差になります。たとえば、日経平均株価にふくまれる銘柄数は225で、その相関をきちんと調べようとすると、銘柄と銘柄での相関チェックなら、225×224÷2＝2万5200個の相関係数の計算と評価が必要になります。他方、市場平均との相関チェックなら、225個の相関係数で済みます。

本書でも、いろいろな業種と市場平均の相関を調べることにします。そのうえで、結果をわかりやすく提示するために、①東京証券取引所が公表しているTOPIXを市場平均として、②業種ごとに代表的な銘柄をひとつ選ぶのではなく、これも東京証券取引所が公表している業種別の株価指数と、TOPIXとの相関をみることにして、③主要な18業種について、相関係数を計算してみました。

2005年以降とその前に区切ると、変化がわかりやすいので、まず、1999〜2004年の業種別株価指数とTOPIXの相関係数を整理したものが、**図23**です。過半数の業種の相関係数が0・7を超えていて、それらの業種はTOPIXとの連動が強かったといえます。

しかし、相関係数が0・5より低い業種も3分の1超を占めていて、そのなかには「電気・ガス業」や「海運業」のように、相関係数がマイナスの業種もあります。電力会社などの株価は、TOPIXとは逆方向に動きやすかったのでした。昔は、これらの業種の株をバランスよくふくむ分散投資をおこなえば、リスクを抑える効果が十分に発揮されたこ

図23　分散投資の効果があった時代

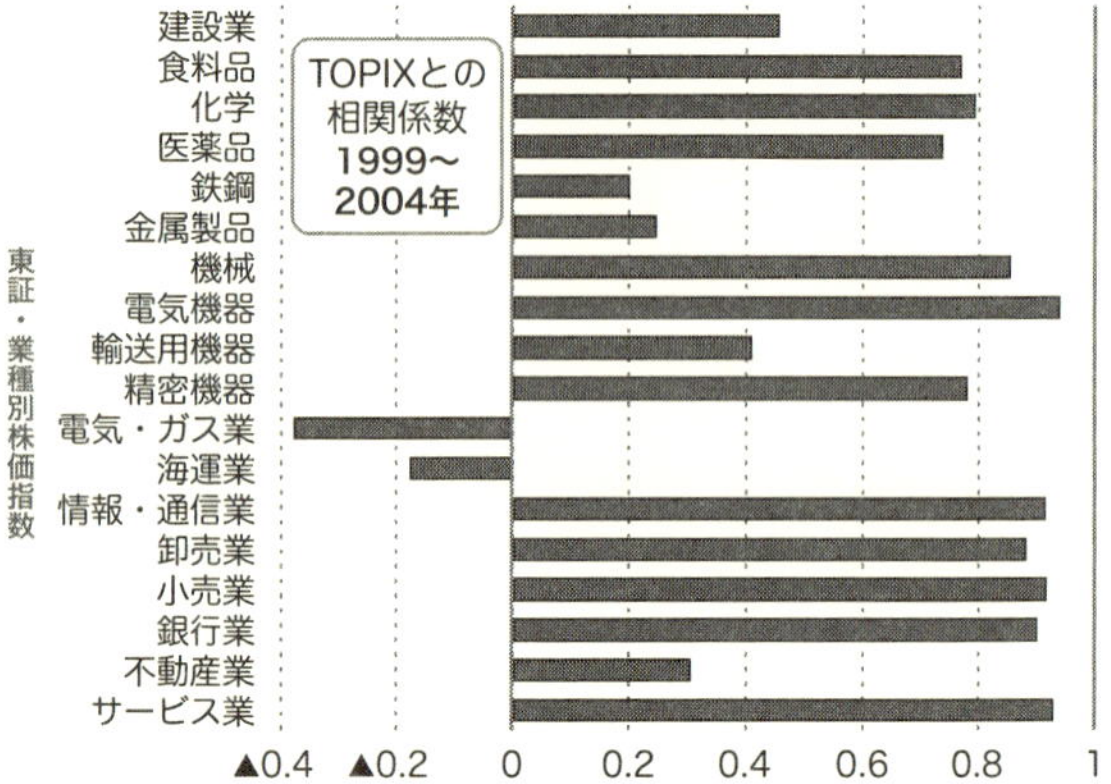

とがわかります。

ところが、**図24**で2005〜11年の期間について相関係数をみると、昔はTOPIXとは逆方向に動いていた電気・ガス業などもふくめ、図に示したすべての業種で、TOPIXとの相関係数が0・8を超えています。……衝撃的な結果です。

前図と比べると、ビジュアル的にもよくわかりますが、いまの日本の株式市場では、いろいろな業種の株にバランスよく投資をしても、リスク分散効果はさほど期待できないといえます。なお、同じ業種の株で分散投資をしても、効果が小さいことは、すでに**図20・21**で確認していました。

分散投資の効果が消えたのは2004年ごろから

図24　銘柄分散の効果は、大部分が消えてしまった

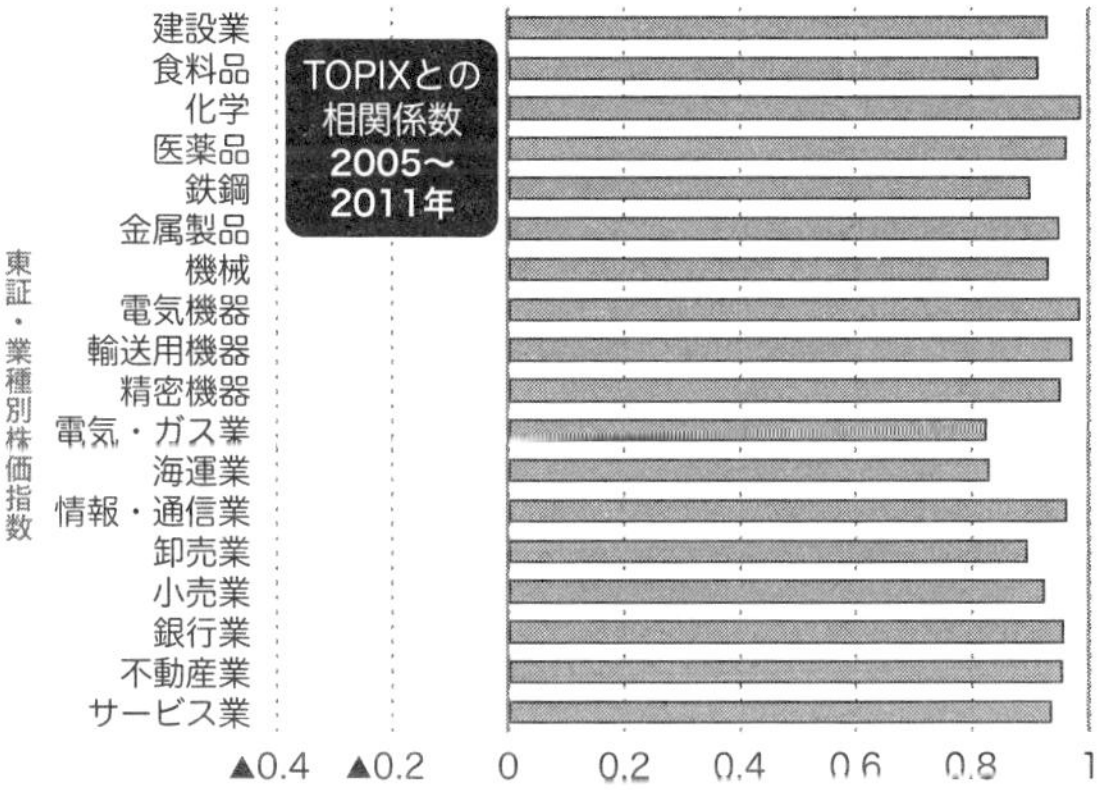

前章の図8〜11と、本章の図20〜24を合わせてみると、「長期・分散投資が株式投資の王道」なんて考え方は、いまの株式市場では通用しないとわかります。長期・分散投資の信奉者のなかには、ネットでデイトレードをする投資家を批判する人がいますが、その前に、自分たちが信じる長期・分散投資の有効性について、再考してみるべきでしょう。

さて、相関係数だけで論じると、納得しにくい読者も多いと思われます。そこで、市場平均との連動性が強そうな銘柄と、市場平均とは逆に動きやすかった銘柄の株価を対比してみましょう。昔は、たった2銘柄の組み合わせでも、リスク分散効果が大きな株の組み合わせがあり、その代表格として「(日本を代表する)輸出メーカー+電力

図25　昔は反対に動きやすかったが、いまはかなり連動

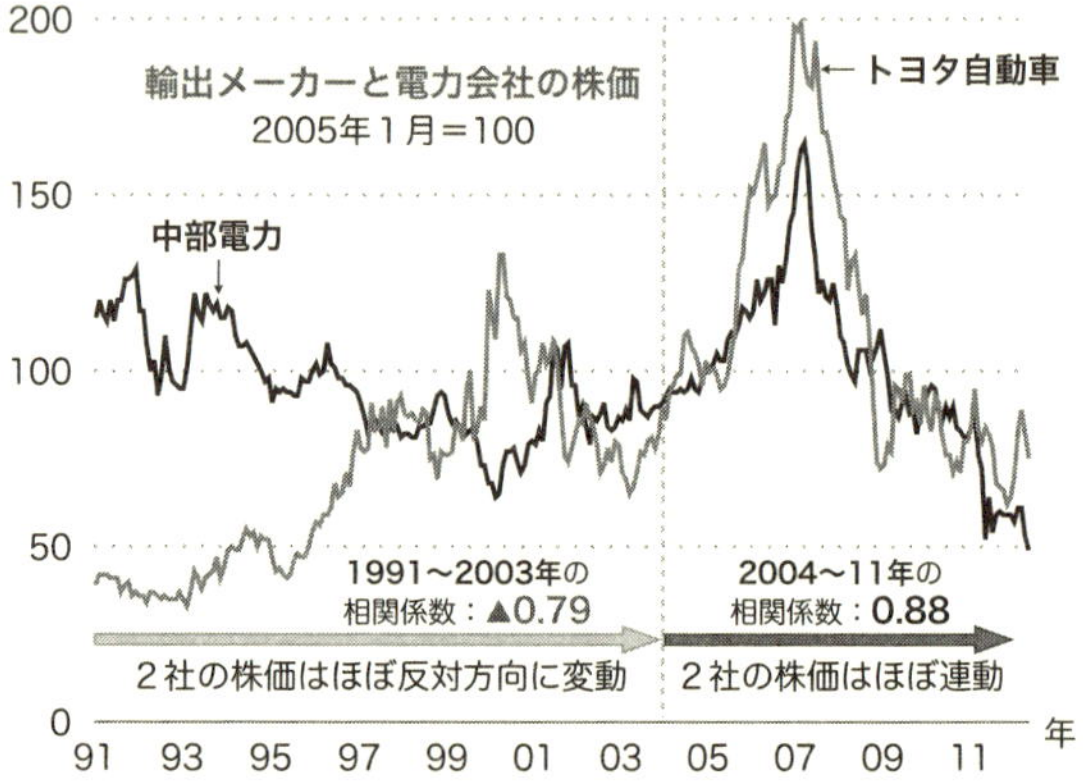

会社」の2銘柄への分散投資が知られていました。

図25では、輸出メーカーのなかからトヨタ自動車を、電力会社からは中部電力を選び、2005年1月を100として両社の株価を比べています。また、2004年以降とその前に区切って、相関係数も計算しました。

1991〜2003年の相関係数は、マイナス0・79で、トヨタ自動車と中部電力の株価はほぼ反対方向に動いていたといえます。ところが、04〜11年の相関係数は、驚くべきことにプラス0・88にまで変化しており、両者の株価が強く連動してほぼ同方向に動いていたことがわかります。……グラフからも、この大きな構造変化が確認できます。

やはり、株の分散投資のリスク抑制効果は、残

念ながら大幅に低下したことがわかります。そして、分散投資の効果が消えたことが、長期投資の有効性が消えたことにも影響しています。この点については、本書全体でメカニズムを解説していきますが、ポイントは「リスク管理の徹底」にあります。

なぜ国際分散投資の効果もなくなったのか

では、日本の株式市場だけでなく、アメリカやドイツやイギリスなどの株式市場にも投資をして、国際分散投資をすればどうでしょうか。

残念ながら、国際分散投資の効果も大部分が消えてしまいました。日本・アメリカ・ドイツ・イギリスの代表的な株価指数の推移を、2005年1月を100として**図26**に示しました。ロシア通貨危機が発生した1998年央以降、4つの株価指数が強く連動していることが、明らかでしょう。

各国の株価が連動するようになった最大の理由は、リスクを抑えた株式投資をめざす機関投資家が、国際分散投資という手法をどんどん取り入れるようになったからでしょう。国際分散投資に組み入れた国々の株を、同時に買ったり、同時に売ったりするようになり、主要先進国の株価連動が強まったと考えられます。

図26　1998年以降、日米欧の株価指数の連動が強まった

しかし、1980年代に入るまで金融の自由化や国際化が遅れていて、それらの実現に1990年代までかかった日本では、1990年に株と不動産（株価と地価）のバブルが崩壊したこともあり、そのあとしばらくは株価の下落が予想されました。だから、1998年ごろまで、欧米の投資家がおこなう国際分散投資には、日本株がさほど組み入れられず、日本の株価は、欧米の株価にさほど連動しなかったのでしょう。

しかし、いまや日本株も、欧米の株価に強く連動するようになりました。日本の投資家にとって、欧米の株を組み入れる国際分散投資は、リスク分散効果を大幅に下げてしまったといえます。

おまけに、海外の株を買うと、為替リスクも負うことになります。外国株への投資には、為替リ

スクがあるものと、リスクヘッジによって為替リスクを消したものがありますが、追加で為替リスクも負うことを考えると、株の国際分散投資は、むしろ、日本株だけでの分散投資より、リスクが高くなる可能性もありそうです。

他方、為替リスクのヘッジ（回避）をおこなえば、為替リスクはなくせます。ただし、その代償として支払うヘッジコストが、リターンを確実に下げます。国際分散投資のリスク抑制効果がとても小さくなっていることを考えると、為替リスク対策としてヘッジコストまでかけるのは、割に合わないかもしれません。

新興国に投資すると別のリスクが高まる

先進国の株価が連動性を強めたことへの対策のひとつとして、新興国の株もふくめて国際分散投資をおこなうことも考えられます。予想される経済成長率が高い新興国の株は、リターンが高そうにみえますから、投資対象として魅力的です。

ただし、新興国の株はリスクもかなり高く、リスク分散効果があっても、もともとリスクが高い株への投資を増やすのですから、トータルでのリスクは下がらない危険性があります。また、先進国の株価が連動して暴落するようなときには、新興国の株価も連動して下落するかもしれず、肝心なときに分散投資のリスク抑制効果が働かない可能性を、覚悟しておく必要があります。

なお、新興国の株といっても、国によって大きなちがいがあります。株の売買と通貨交換での流動性リスクが高いかどうかで、分けて考えるとわかりやすいでしょう。

通貨交換についても一緒に考えるのは、新興国の場合、株価リスクだけでなく、為替リスクも高いからです。株への投資といっても、その国の通貨での取引になりますから、株と為替の両方のリスクを一緒に考える必要があるのです。

したがって、新興国の株への投資は、2つの流動性の枯渇に注意が必要です。ひとつは、株式市場で株を売るのがむずかしくなるケース。もうひとつは、株を売って得たその国の通貨を、円や米ドルなどの外貨に換えられなくなるケース。政治・軍事などの問題で、そういったことが起きるかもしれません。

国によって、これらの問題が十分に起きそうな新興国と、すでに先進国に近い新興国があり、前者は、流動性リスクが高いために、分散投資先の定番にはなりにくく、したがって、株価は先進国の株価と連動しにくいでしょう。その点では魅力的かもしれません（資源があるとか、成長率が高そうとかなら、魅力はあるといえます）。しかし、流動性リスクがかなり高く、場合によっては、円に戻すことがまったくできない事態も覚悟すべきです。

後者の、流動性の点で先進国に近い新興国の株は、分散投資先の定番としてどんどん組み込まれていくことで、株価が先進国の株価に連動しやすくなるでしょう。特に、暴落時の連鎖に巻き込まれやすいといえます。

もともと、新興国の為替レートは変動幅が相当に大きいうえに、為替手数料が高めですから、ハイリスクを覚悟して、ギャンブル性の強い投資として割り切ることができる人だけが、投資すべきでしょう。リスクを抑えて投資をしたい人は、新興国の株は避けるか、自分のポートフォリオに組み入れるとしても、低い比率にしておくべきです。

新興国の株に投資する投資信託を買うという選択肢もありますが、その場合も、流動性を十分にチェックすべきです。新興国の株で運用する投資信託のなかには、投資信託自体の流動性リスクがとても高いものがあります。その国の政治や社会に対する不安が高まれば、その投資信託がまったく換金できなくなる危険性が高く、元本を全額失うケースを覚悟して投資すべきです。

新興国の株への投資でも、やはり、流動性がポイントになるのです。そのとき、通貨交換の流動性も考える必要があり、また、政治の安定性についてもきちんと調べておくべきです。……実際にきちんと調べれば、投資をあきらめることになりやすいと思われます。

コモディティ投資にも分散効果はない

リスク管理手法のなかでも、特に重要なもののひとつが分散投資です。昔から分散投資の大切さは意識されていて、だからたいていの人が分散投資の有効性（リスク抑制効果）を信じているのですが、皮肉なことに、分散投資の徹底が、その有効性を小さくする原因となっています。

ところで、株だけでの分散投資よりも、さらにリスク抑制効果を求める投資家は、古くから「株＋債券」という組み合わせの分散投資をおこなってきました。じつは、この古典的な分散投資は、ここまで述べてきた「分散投資によるリスク抑制効果が小さくなった」という話の、数少ない例外です。……理由などの説明は、本章後半でおこないます。

株に、株以外のなにかを組み合わせるタイプの分散投資は、「株＋債券」以外にもあり、そのひとつは「株＋不動産」です。

しかし、日本の１９８０年代後半のバブル経済や、アメリカで２００７年にサブプライムローン問題を引き起こした住宅バブルは、株価と地価が連動して上昇したあと、バブル崩壊によって、連動して暴落するというものでした。株価と地価は強く連動しやすいため、「株＋不動産」はもともと、さほど大きなリスク分散効果を期待できないといえます。

そこで、21世紀に入ってから、コモディティ（原油・金・穀物などの商品）を加えた「株＋コモディティ」というタイプの分散投資が、金融機関や他の機関投資家などで広く採用されるようになりました。すると、株式市場に流れ込んでいた資金の一部が、コモディティ市場に流れ込みました。

それ以前のコモディティ市場は、株式市場よりずっと小さな規模でしたから、株式市場からみれば少しの資金流出でも、コモディティ市場からすれば、市場規模との相対比較でみて巨額の資金流入となり、コモディティ価格の急騰につながりました。新しい分散投資先の価格が大幅に上昇したことで、「株＋コモディティ」の分散投資は、さらに流行しました。

ところが、たくさんの投資家がこのタイプの分散投資をおこなうようになった結果、株とコモディティが同時に買われ、また同時に売られるようになり、両者の価格はどんどん連動するようになりました。この点については、内閣府が『世界経済の潮流　２０１１年

図27　コモディティ投資も分散効果が低下

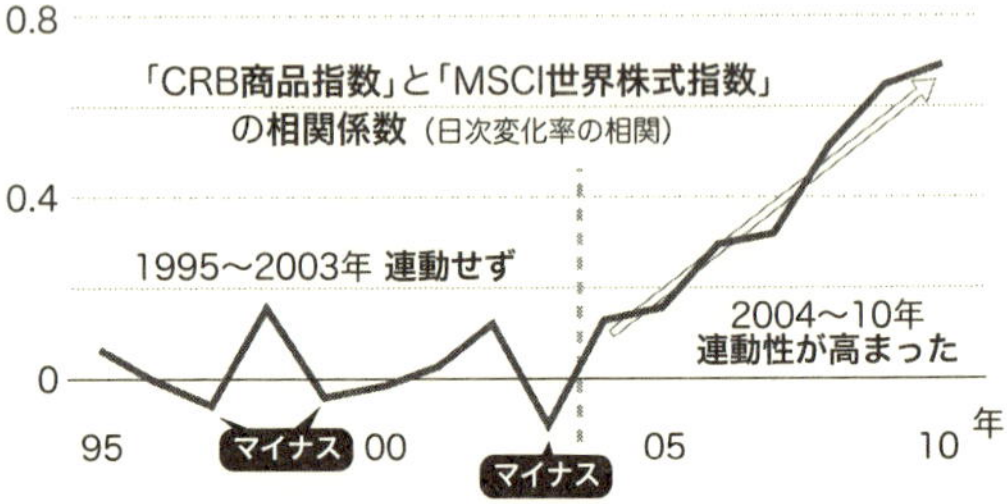

（出所）内閣府『世界経済の潮流 2011年Ⅰ』

Ⅰ』でくわしく分析していて、株価とコモディティ価格の毎年ごとの相関係数を計算した結果も示しています。それを引用したのが**図27**です。

1995～2003年では、コモディティ価格は株価に連動していません。ところが、04年以降は連動するようになり、かつ、相関係数がどんどん高まりました。「株＋コモディティ」タイプの分散投資が流行したためです。

金融ショックが大きいほど株とコモディティは連動する

さらに、リスク管理手法として、より徹底されるようになってきたもののひとつが「損切り」です。一定の損失が出たら、一度、株などのリスク資産を売って、投資をやめる（あるいは縮小する）というやり方を、機関投資家などが徹底するようになってきたのでした。これが、よりいっそう、分散投資のリスク抑制効果を引き下げてしまうこと

図28　ショックによる暴落時には、強烈に連動

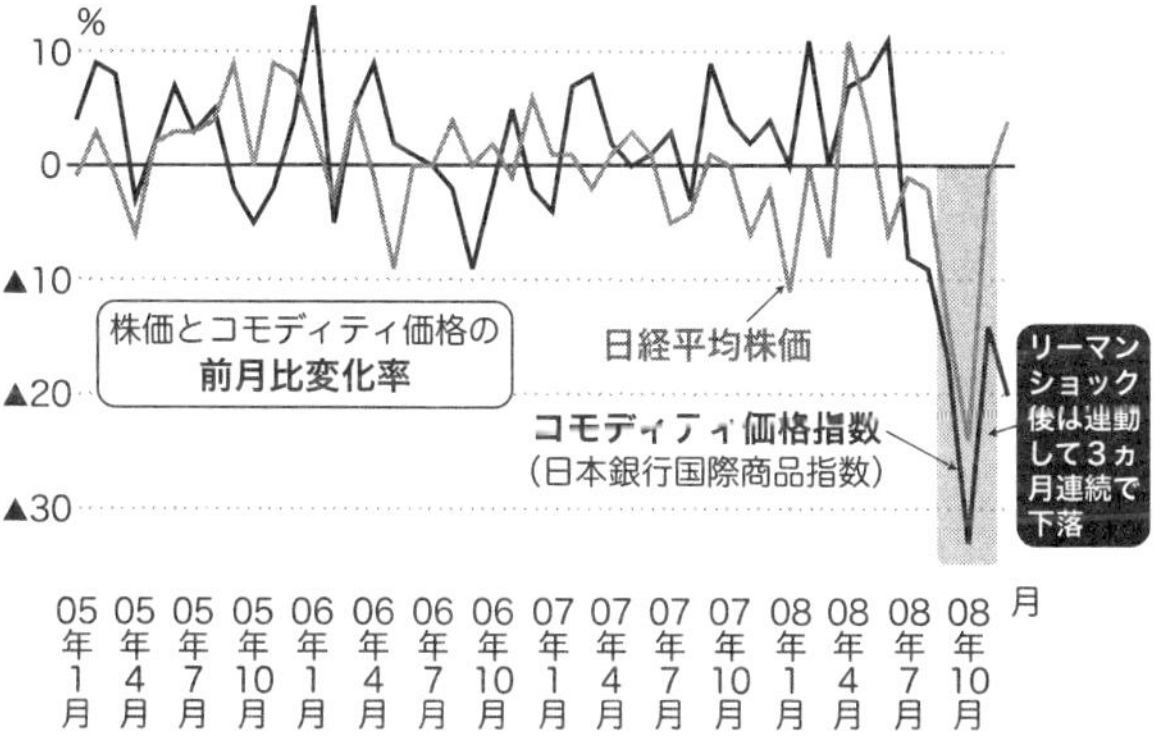

（出所）日本銀行国際商品指数・日本銀行ホームページ

になりました。

損切りの徹底が、どのようにしてリスク抑制効果に悪影響をおよぼすのかを、「株＋コモディティ」タイプの分散投資を例に、みてみましょう。**図28**は、株価とコモディティ価格の「前月比変化率」をグラフにしたものです。

２００８年前半までは、変化率のプラス・マイナスが株価とコモディティ価格で逆になっている月もかなりあり、連動性は徐々に高まったものの、それなりにリスク分散効果があったといえます。しかし、08年9月にリーマンショックが起きると、翌々月の11月まで、3ヵ月連続でコモディティ価格は急落しました。株価も連動して下落していますが、このリーマンショック後の3ヵ月は、コモディティ価格のほうが大幅な下落になっています。

すでに述べたように、コモディティ市場のほうがずっと規模は小さいので、こうしたショック時には、価格がより大きな乱高下をしやすいのです。分散投資で株とコモディティに投資していた投資家が、ショックに反応して損切りをおこない、同じように資金が逃げ出したときの価格へのインパクトは、コモディティ市場でのほうが相対的に大きいからです。

反対方向に動きやすい資産（株など）を同時に売買するという分散投資の徹底と、ショックによって資産価格が一定以上、下落したときの損切りの徹底が、とりわけ暴落時の連動を強いものにしています。平常時には、分散投資がある程度のリスク抑制効果をもたらすとしても、大きなショックによる暴落時に、連鎖的な暴落を引き起こしやすいのであれば、リスク管理としては致命的です。

このように、投資家が同じ手法でリスク管理を徹底するようになると、分散投資のリスク抑制効果がかなり消えてしまう現象は、「株＋債券」以外の分散投資では、どうしても起きてしまいやすいものです。ですから、今後、新しい分散投資先が注目され、しばらくはリスク抑制効果があったとしても、その分散が流行し、やがて効果の大部分が消えてしまう可能性があると、覚悟しておくべきでしょう。

くどいようですが、数年に一度のペースで起きるようになった金融ショックが、世界の株式市場や不動産市場やコモディティ市場での連鎖的な暴落を引き起こしやすくなっています。そうした暴落時にこそ、分散投資のリスク抑制効果が消えてしまうという構造になっていますので、いまは、長期投資をすると、複数回の暴落に巻き込まれやすく、長期・分散投資だからこそ儲からないという話になってしまいました。

古くからある資産運用の常識が、否定されるような時代になったといえます。

分散投資がダメになった理由

美愛　教授のインタビュー記事、読みましたよ。写真もステキで……。

官上　よく、記事をみつけたね。

美愛　一応、ビジネス誌を読んで経済の勉強をしているので。でも、いろいろな業種の株に分散投資をしても、リスクを抑える効果がすごく小さくなったって……。

財豊　あぁ、その記事のことか。たしかに、分散投資のリスク抑制効果はかなりの部分が消えつつあるね。

美愛　理由を教えてくださいよ。

官上　むずかしい質問をするね……。本当に理解できるのかな。

財豊　いや、美愛ならきっとわかるよ。先日、〇〇大臣に話したときには、まったく理解してもらえなかったけどね。

官上　そうでした……。

財豊　分散投資の効果が薄れたことは、資産運用をする個人にとっても、企業年金などの運用にとっても、大きな問題なんだ。運用に失敗したときのダメージが大きくなりやすいって話だから。

美愛　元本の50％を失うと、回復には、プラス１００％の運用をしないといけないから、なかなか取り返せないっていいますよね。

財豊　そう。だから、金融機関は必死に新しい分散投資先の資産を探している。

美愛　株式投資に、コモディティ投資とかを組み合わせたりしているんですよね。記事で読みました。でも、株とコモディティの組み合わせも、効果が薄れたって、教授が答えてましたよね。

財豊　その話は、政府の白書にも出ているよ。コモディティの話なんか、すごくわかりやすいんだけど、みんなが同じ分散投資をするようになると、株とコモディティを同じタイミングで買ったり、同じタイミングで売ったりする。

美愛　なるほど、同じタイミングで大量に買われれば、株価とコモディティ価格が連動しやすくなって、分散投資のリスク抑制効果は消えちゃう……。

財豊　問題は、暴落時にはヘッジのための売りがおこなわれて、下落しヘッジ売りの悪循環が生じるって、以前教えたけど、このメカニズムが効くから、リスク抑制効果がいちばん働いてほしい暴落時にこそ、株とコモディティが連動して暴落しちゃうこと。

美愛　肝心なときに役に立たないっていうのは、いけませんね。

財豊　経済全体の要因をマクロ要因といい、個別の株や資産それぞれの要因をミ

図29　リスク分散の効果は小さくなった

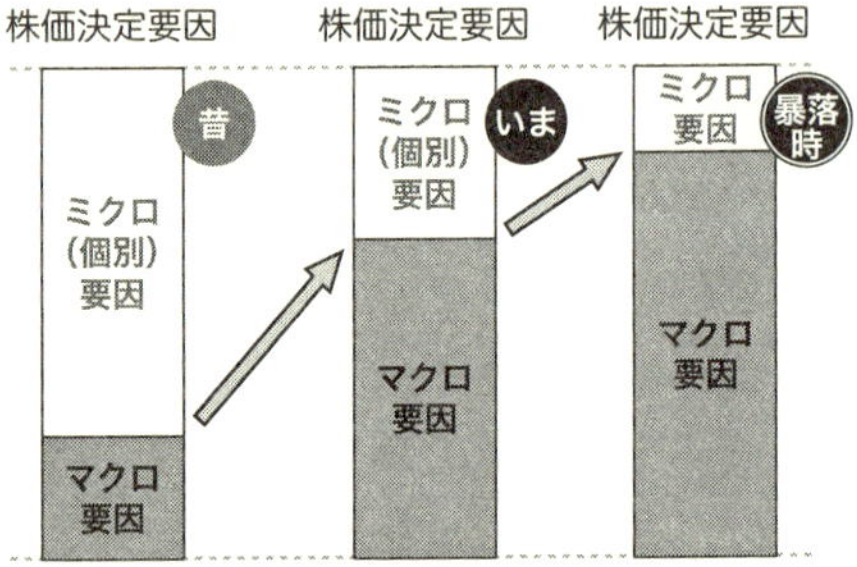

他の資産価格でも、分散投資に利用されると、
同じような現象が起きる

クロ要因という。昔の株価は、ミクロ要因で決まる部分が大きかった。ところが、この図にあるように、いまはマクロ要因のほうが大きいようにみえる（**図29**）。

美愛　この図をみると、暴落時には、さらにマクロ要因の比率が上がるってことですね。

官上　そして、ミクロ要因が小さくなれば、分散投資のリスク抑制効果はそれだけ小さくなる。

美愛　なんとかならないんですか。

財豊　みんなが同じようなリスク対策をするから、どうしてもこうなるね。例外として、株などに債券を組み合わせる方法は、まだ有効だけど。

美愛　債券って、地味ですよね。株に債券を組み合わせるのって、お酒を水で薄めるみたいな感じで、私の好みじゃないです。ウイスキーは水割りじゃないと飲めませんけど。
官上　本当は、家ではストレートかロックで飲んでるんじゃないの？
美愛　そんなことより、別の分散投資についても教えてください。
財豊　別の……？
美愛　同じ株で買うタイミングを少しずつ分散する、ドルコスト平均法の有効性は、いまどうなっているんですか？
財豊　いまも昔も関係ない。ドルコスト平均法なんて、まったくダメだよ。
美愛　えー。どの財テク雑誌にも書いてありますけど。
財豊　そうなの？
官上　美愛ちゃん、教授は財テク雑誌とかを読まないから……。
財豊　威張ることじゃないけど、稼いだカネはぜんぶ酒に消えるから、財テクとは無縁だ。それで、ドルコスト平均法だけど、同じ株を、毎月同じ金額だけ買い続けるってことだろ。
美愛　そうすると、自動的に、安いときにたくさん買えるからって。

財豊　株価がいずれ上がることを前提にして、効果を強調しているよね。でも、下がり続けたときには、下がれば下がるほど、その銘柄をたくさん買えってことで、暴落から逃げ損なうだけじゃないか。

美愛　……そうですね。教授がいつもおっしゃるように、暴落から逃げることがリスク管理では肝心で、その意味で、ドルコスト平均法は肝心の点でダメですね。

官上　財テク雑誌は、金融機関からの広告がないと成り立たないから、どうしても金融機関が儲けるのに都合がいい論理を強調する。最近は、金融機関から仕事をもらっている評論家やFPとかにしか、原稿も書かせないようですし。

財豊　日本の銀行や証券会社なんて、いまでも長期・分散投資の有効性を強調するけど……。あれって、30年以上前のノートで、いまも30年前と同じ講義をしている大学教授みたいなものだね。

官上　でも、もし最新のデータに基づいて、株の銘柄分散のリスク抑制効果が大部分消えつつありますなんて、正直に認めてしまうと、銀行や証券会社が売る株式投資信託の多くが、顧客にとって魅力がないとわかってしまいますから……。

美愛　それは認めたくないでしょうね。でも逆に、分散投資の有効性が下がっているからこそ、より高度な分散投資ができる株式投資信託のほうがいいって話には……。

財豊　そんな話にはならないよ。株式投資信託には信託報酬などのコストがかかって、そのコストに見合った効果が得られないってことだから。

美愛　株の話は納得しました。でも、コモディティの話は……。

官上　なにが疑問なの。

美愛　私、純金のアクセサリーがけっこう好きで、でも、世界の金の存在量は限られていますよね。だから、金投資はよさそうかなと思うのですが。

官上　いろいろなコモディティ価格が高騰したなかで、金の価格も、昔に比べて大幅に上がったから、まだまだ上がるのか、それとも反動で下がるのか……。

財豊　原油や金のように、世界中の投資家が必死に予想して売買しているコモディティは、いまや、株と同じような感じで価格が変動するから、予想は本当にむずかしい。

官上　おまけに、金の価格は変動が激しそうですよね。

財豊　日本人にとって、金投資は、じつは金投資に米ドル投資を加えた分散投資になる。国際的な金価格は米ドル建てで決まり、それに対米ドル円相場を掛けたものが、円建ての金価格になる。これが日本人にとっての金価格だ。

美愛　金価格と円相場の変動リスクを負うことになるんですね。

財豊　このとき、金価格と円相場の相関がどうなっているかが、リスクの程度を左右する。昔は、金こそが国際通貨だったから、米ドルの為替レートが暴落するのではないかという不安があると、金を買う投資家が増えやすく、金価格が上がりやすい。

官上　すると、ドル安のときに金価格が上がることも多いので、分散投資がリスクを抑制する効果があるわけですね。

財豊　ただ、金には金利がつかない。実物経済での生産活動に結びつかない投資だから、資産運用としての金投資を嫌う専門家も多いね。

美愛　私は、自分の資産運用が社会に役立つかどうかなんて、気にしないわ。

財豊　単純に、円建ての金価格が上がれば儲かるわけだから、金投資はひとつの選択肢として否定できない。

官上　教授には珍しく、官僚みたいな回りくどいいい方ですね。

財豊　じゃあ、本音をきちんと話そう。金投資で儲かる可能性は十分にあると思う。でも、金利などを生まないことと、長期では対米ドル円相場が円高トレンドをもつことを考えると、平均的には損な投資だ。

美愛　金投資はやめたほうがいいってことですか？

財豊　いや、円安トレンドに変わったと思う人には、そのぶんだけ有利な投資にみえるはず。これまでの円高トレンドを前提に、平均的には損だといっても、JRAが4分の1をもっていってしまう競馬と比べれば、金投資のほうがマシだ。そのぐらいの投資だと思ってやるなら、やればいい。

官上　平均的に不利な投資でも、結果として儲かる可能性はありますからね。

美愛　それに、金は売りやすい資産だから、単純に金を売買するだけの投資なら、流動性リスクを負わずに済む。

財豊　ポイントを押さえているじゃないか。すばらしいね。金投資をするときも、途中で売るのがむずかしいようなかたちで金投資をするのは、避けるべきだ。

官上　複雑な仕組みで金に投資をする金融商品もあって、途中で売ったり解約したりがむずかしいものもありますから、それは避けろということですね。

美愛　どの資産に投資するかより、どういう考え方で投資をするかのほうが大切だというアドバイスの意味が、今回、よくわかりました。平均的に少し損な投資対象は、避けたほうがよさそうだけど、でも、それよりも流動性リスクを避けることのほうがずっと重要で、その意味では、シンプルな金投資はダメとまではいえない。

金融機関は分散投資が無効になったことを知っている？

実際にいろいろな分散投資をおこなっている金融機関（銀行や証券会社や投資信託などを運用する会社）は、本当にマジメに資産運用ビジネスをしているのなら、本書でこれまで示したようなデータについて、十分に理解しているはずです。当然ながら、「長期・分散投資は、昔とはちがって、きわめて危険な資産運用方法になった」と、知っているはずです。

それなのになぜ、いまも顧客に長期・分散投資をすすめるのでしょうか。

はっきりとした理由が、少なくとも2つあります。第1に、しょせん、他人のおカネの運用でのリスク抑制なんて、マジメにやる気にならないというのが、金融業界の本音だからです。

リターンを高める工夫は、マジメにやるかもしれません。運用者自身の評価にもつながりますし、成果連動のボーナスがあれば、リターン向上が運用者自身の利益にもつながります。でも、「ファンドマネージャー（運用者）が努力をすれば、リターンが高まるというのは幻想だ」との指摘もあります（筆者はこの意見に同意します）。だからこそ最近は、株式市場全体に投資するインデックスファンドの人気が高いわけです。

本当は、株式投資信託のファンドマネージャーの仕事は、リスクを適切にコントロールすることであるはずです。しかし、実際にリスクをうまくコントロールして、たとえば、30％を超える損失が出そうだった状況で、20％までの損失に抑えて乗り切ったとしても、おカネを託した投資家たちは、さほど評価しないでしょう。

いちばんの問題は、本来はリスク管理に期待して投資すべき株式投資信託などに対して、ほとんどの投資家がリスク管理の巧拙《こうせつ》を評価しないことにあります。もちろん、金融機関側の勧誘姿勢も悪いのですが、投資家側の問題が大きいといえます。日本の場合、その背景には、きちんとした金融教育（投資教育、金融消費者教育）がほとんどなされていないという、きわめて深刻な問題点があります。

いずれにしても、資産運用ビジネスを展開する金融機関側が、本音ではリスク管理なんてどうでもいいと思っていて（それよりも、リターンをいかに高めるかというムダな努力に必死になっていて）、だからこそ、構造的に長期・分散投資の有効性が下がってしまった現状でも、リスクに対する冷静な状況把握ができないのでしょう。

金融機関にとって顧客はカモ

第2に、とにかく手数料を多く稼ぎたい――きついノルマに追われる金融機関の販売担当者は、長期間安定して株式投資信託の信託報酬を稼ぎたいなどの理由で、「顧客（カモ）には長期投資をしてほしい」と願っていたりします。そこで、「長期投資こそが望ましい投資手法だ」という理屈を、まずは自分自身に信じ込ませて、顧客を勧誘します。

また、販売担当者が「顧客（カモ）には分散投資を売り込みたい」と願っているときには、分散投資の有効性を説明できるように勉強して、顧客を勧誘します。新興国の外貨資産にしても、コモディティにしても、新しい分散先は、たいてい手数料が高いからです

（手数料の引き下げ競争が起きていないからです）。

そもそも、多様な株や他の資産を組み合わせた分散投資がしたくても、ふつうの投資家が自分で多種類の資産を買って分散投資をおこなうことは、かなりむずかしいでしょう。すると、分散投資のために株式投資信託などを買うことになり、金融機関にたっぷりと手数料を支払うことになります。

つまり、長期投資や分散投資は、金融機関側に都合がいい投資手法なのです。

筆者は、これまで10年以上にわたって、金融機関が投資信託などを販売するときの資料を大量に読んで、またときどき金融機関に行って、実際の金融商品販売の現場での、販売担当者の姿勢を探ってきました。残念なことに、本当に顧客が望む程度のリスクに抑えるために、どんな運用手法がいいのかを勉強している人は、いまやほとんどいません。

以前は、きちんと勉強していて、良心的な姿勢で販売しようとする販売担当者も、ときどき例外的にみかけました。しかし、いまや、まったくみかけません。……悪貨《あっか》が良貨《りょうか》を駆逐《くちく》するという典型例です。

いまの販売担当者は、まずは、銀行や証券会社にとって、またはノルマに追われる販売担当者として、どんな金融商品を売りたいのか――どんな金融商品が金融機関側に高い利益をもたらすのか、から逆算して販売しているのです。そうしたボッタクリ金融商品を売るのに都合がいい「資産運用の論理」を、決してデータで検証したりせず、正しい資産運用アドバイスだと信じ込んでいる販売担当者ばかりです。

単純に「長期・分散投資の有効性をカモに信じ込ませると、金融機関は儲けやすい」という事情が、世界の金融市場の変化を無視した、カビ臭いアドバイスを金融機関が続ける理由です。

しかし、それゆえに、金融機関の店頭で株式投資信託などの勧誘をされたときに、正しい勉強をしていない販売担当者を見抜くことができます。……実際には、たぶん、正しい知識をもたない販売担当者ばかりですが、少なくともそのことが確認できるはずです。

たとえば、「分散投資がリスクを抑える効果は、大幅に下がっているのでは?」とか、「数年に一度、世界規模の金融ショックが起きるようになったから、長期投資ほど大損しやすいのでは?」と、質問してみればいいのです。これらの質問にまともに答えられないような販売担当者から、投資信託や年金保険などの金融商品を買ってはいけません。

分散投資をするなら「株+債券」がいちばん有効

先に述べたように、例外的に有効性が落ちていない分散投資として、「株＋債券」があります。他の資産の価格は株価に連動しやすいので、株の代わりに「不動産やコモディティなど＋債券」でもいいでしょう。

ではなぜ、「株＋債券」はリスク抑制効果があるといえるのでしょうか。基本的なところから解説しましょう。

金融市場では、株価や金利や債券価格や円相場などの関係を説明するいろいろな論理があります。そのうち、状況によって、結論が逆になることがある論理――状況によっては、また時代が変われば通用しなくなる論理と、どんなときでも必ず通用する論理があります。

前者の例として、たとえば「日本の金利が高くなれば、円高になる」という論理があります。これは、通用する時期と通用しない（反対に円安になる）時期があります。結論が逆になりうる論理は、じつは多いのです。

後者の、結論が絶対に変わらない論理として、「金利（長期金利）が下がれば、債券価格（長期国債の価格）は上がる」という論理があります。これは、因果関係をひっくり返しても必ず正しく、「債券価格（長期国債の価格）が上がれば、金利（長期金利）は下がる」といえます。金融市場について理解するうえでもっとも重要な基本原理です。

簡単に解説すると、日本政府は毎月のように長期国債を発行していますが、先月発行された国債は金利が2％で、今月発行の国債は金利が1％に下がったとしましょう。すると、金利が2％つく先月の国債は、すごく有利な国債にみえますから、みんなが今月の国債ではなく、先月の国債をいまの保有者から買おうとします。

いま、先月の国債をもっている人は、このときに、額面100万円の国債を100万円より高い価格で売ります。人気があるから高く売れるという論理は、国債でも通用するのです。こうして、金利が先月の2％から1％に下がったことで、先月100万円で発行された国債の価格が、100万円より高くなりました。

この論理は他の債券にも通用しますので、金利が下がれば、債券価格は上がるといえます。……この話をもっときちんと解説した本は、とてもたくさんあります。たとえば筆者が近年書いた本のなかでは、『日本経済の奇妙な常識』（講談社現代新書、2011年）で解説しています。

そして、株価と金利の関係も、比較的はっきりしています。こちらは絶対に通用するとまでは断言できないのですが、たいていは通用する論理として、「株式市場全体で株価（株価指数）が下がると、金利が下がる」という関係があります。

TOPIXや日経平均株価のような株価指数が下がる状況では、景気が悪く、企業の利益も減っていることが多いので、そうしたマクロ経済情勢が影響して、金利は下がるのがふつうだという話です。もちろん、金利は他の要因からも影響を受けますし、株価指数下落が景気悪化と結びついていないケースもありえます。ただ、かなりの確率で、株価が下がれば、金利は下がるといえます。

そして、長期の金利が下がれば、先ほどの論理によって、長期国債の価格が必ず上昇します。したがって、株価が下がれば、金利も下がって、国債などの債券の価格が上がるという現象が起きやすいといえます。だから、株と債券を組み合わせた分散投資をしていれば、株価が大幅に下がり続けるような状況でも、その影響で、国債などの債券は値上がりをしますから、リスク抑制効果が十分にある分散投資になります。

これは、金融の世界での基本原理に基づくリスク抑制効果ですから、他の組み合わせの分散投資と異なり、みんなが同じ分散投資をどんどんやっても、リスク抑制効果は消えません。だからこそ、古くから有効とされてきて、いまも有効性が下がっていないのです。

メガバンクが日本国債を保有し続ける理由

メガバンクをはじめとする日本の民間銀行が、大量に日本国債を保有していることについて、いろいろな議論があります。しかし、あまり語られない重要なポイントが、このリスク分散の話です。メガバンクなどが日本国債の購入をやめない理由のひとつは、リスク分散に必要だからです。

銀行は、株や不動産などへの直接・間接の投資をしています。とりわけ、不動産を担保に企業に融資をすることが多い日本の銀行の場合は、企業の利益と連動した株価の下落や、担保価値の変動にもつながる地価の下落が、銀行の利益を減らすという構造になっています。

また、銀行業務を続けるうえでリスク管理の徹底を求められているので、リスク分散の観点から日本国債を大量に保有するのは、きわめて当然のことなのです。そして実際に、不況が深刻化して株価・地価が下がり、融資による利益がなかなか得られない状況で、メガバンクなどが巨額の利益を得ている場合には、日本国債のディーリングと大量保有が利益源となっていたりします。

メガバンクが日本国債を大量に保有している状況で、国債価格が大幅に下がったら、どれだけ大きな損失が出るかというシミュレーションの結果が、マスメディアによるスクープのかたちで話題になったこともあります。ただし、報じたメディアが解釈をまちがうことが多いようですから、注意が必要です。

わかりやすくいえば、銀行は、保有する資産について、最大でどれほどの損失を生む可能性があるかのシミュレーションを義務づけられています。だから、大量保有する日本国債が暴落したときの損失額を計算するのは、ふつうのことです。

そして、その損失額が実現しても経営に支障はないと考えているからこそ、それだけの国債保有を続けているのです。マスメディアは、銀行が強力な爆弾を抱えて困っているかのようなイメージで、銀行の日本国債大量保有について報じたりします。そうではなく、リスクを負ってでも、日本国債を大量保有したほうが平均的には儲かると見込んでいるからこそ、国債を売らずに、むしろ買い増したりしているのです。

もちろん、日本国債のリスクを過小評価している可能性もあります。逆に過大評価することもあり、このあたりの話は第6章でくわしく解説します。ただ、リスクを評価しながら保有していることだけは、はっきりしています。

他方で、2012年になってから日本などの国々で、マイナス金利での国債売買が実現して、話題になりました。国債を買うと、少し金利を引かれてから満期に戻ってくるというのですから、そんなものを買うぐらいなら、預金のほうがまだいいと思われます。でも、そんな不利な国債を買う金融機関が世界中に存在するのはなぜでしょうか。

分散投資に必要だからです。ウイスキーや濃縮ジュースを飲むのに、どうしても水で割りたいとき、他に水がなければ、少し割高な水でも買うという人はたくさんいるでしょう。水割りの味がより美味しくなるなら、さらに割高な水でも買うでしょう。分散投資に適した国債が、マイナス金利という不利な条件で売られていても、買う金融機関が存在するのは、同じような事情からです。

国債のような債券には、満期までの期間中は価格が変動するという性質があり、これが預金とは異なる点です。この差があるために、株などと混ぜてリスクを薄めるには、預金よりも、国債のほうが都合がいいわけです。逆にいえば、マイナス金利の国債は、多くの金融機関が「この国債の保有を増やすほうがリスクは減る」と評価していることを示しています。

さて、「株＋債券」の分散投資は有効性が残っているとして、個人がそうした投資をするときには、あるいは、単純に債券だけの投資をするときには、どの債券を選ぶかが重要です。リスク管理上、債券の選択は大きな差を生むからです。この点については、次章でしっかりと解説することにしましょう。

勉強しないファンドマネージャーが運用するヘッジファンド

筆者が本書の原稿を一度書き上げたあとの話を、追記しておきます。

資産運用のプロたちが、分散投資のリスク抑制効果をどう考えているかについて、『日経ヴェリタス』（2012年9月23日号）に興味深い記事が出ていました。1面トップ記事の冒頭が、電気機器製造業と不動産業の株価が連動することに驚くヘッジファンドの運用担当者のセリフから始まっていました。本来連動しないと考えて、これら2つの業種の株に投資したら、驚くべきことに連動していたという話でした。

本章ですでに説明してきたように、じつは、どの業種の株価も市場平均（TOPIX）に強く連動しています。この点さえ理解していれば、そのうちの2つを選んで投資をすると、株価が連動してしまうのは、いまや自然なことだとわかります。金融機関の人たち、とりわけ資産運用ビジネスをおこなっている専門家は、これらのことをよく知っているだろうと、筆者は考えていました。

本書で示したデータは、専門家なら常時チェックしていてもおかしくないデータです。それなのに、過去数年の各業種の株価指数とTOPIX（あるいは、せめて電気機器製造業と不動産業の株価指数）の相関係数を計算してみればわかったはずのこともチェックせず、ヘッジファンドが意図しない資産運用に陥ってしまうなんて、専門家としてのレベルが低すぎて、筆者はその点に驚きました。

また、ヘッジファンドが簡単に手に入る最新情報を知らずに失敗したことには、さほど突っ込みを入れない日経ヴェリタスの記事にも驚きました。筆者としては、特定の事例だけで、「株の分散投資の有効性が大幅に低下したことを、金融業界全体がまだ知らずにいる」と決めつける気にはなりません。しかし、専門家として本来おこなうべき勉強をサボっているファンドマネージャーたちがいることも、金融業界における真実のようです。

第4章 個人向けの社債・ミニ公募債・国債、投資していいのはどれか？

投資に値する債券はじつは少ない

前章で、株価の低迷が続いて金利が低くなると、債券投資が有利になると述べました。それとは別の論理で、個人の資産運用として債券投資がブームになることがあります。ふつう、銀行の預貯金は、債券の金利より低いので、預貯金の金利がゼロに近いなかで、それなりに高い金利の債券があると、債券投資に人気が出るのです。

たいていの人は、切りのいい数字を判断基準としやすく、21世紀に入ってから、ゼロに近い金利が預貯金で一般化してしまった日本では、年1％を境に、年1％以上（税引前）の金利が人気を獲得する条件になりました。もっとも、2012年に入ってから、金融機関や機関投資家が、日本やドイツなどの国債をマイナス金利で購入するといった事態が、

図30　個人が買ってもいい債券はどれか？

Ⓐ ふつうの社債	Ⓑ 個人向け社債	Ⓒ ミニ公募債（地方債）
Ⓓ ふつうの国債（10年物）	Ⓔ 個人向け国債（変動金利型）	Ⓕ メガバンクの劣後債【仕組債】

相次いで起きました。金融の専門家のあいだでは、金利に関係なく、国債に人気が集まったのでした。

日本の個人投資家が買いやすい債券と、2012年に話題になった債券として、**図30**のA〜Fのようなものがあります。（A）ふつうの社債、（B）個人向け社債、（C）ミニ公募債と呼ばれる地域密着型の地方債、（D）おもに10年物のふつうの国債、（E）期間10年で変動金利型の個人向け国債、（F）メガバンクの劣後債でデリバティブが組み込まれた仕組債《しくみさい》、の6つです。

じつは、リスクに見合った投資ができるかどうかで評価すると、6つのうちの2つの債券しか、個人にはおすすめできません。残り4つは、個人が投資するのは避けたほうがいい債券です。読者は、個人が買ってもいい債券はどれなのか、わかるでしょうか。……第1章で答えを示していましたが、まずは理由もふくめて、自分なりに考えてみてください。

預貯金はインフレに強い

それぞれの債券にどのようなリスクがあるかを解説する前に、債券投資をするのであれば、まず最初に考えておくべきポイントがあります。債券につく金利には、固定金利と変動金利があり、多くの債券は固定金利です。他方で、「債券はインフレに弱い」ともいわれます。本当でしょうか。

なお、「預貯金もインフレに弱い」といわれたりします。じつは、真っ赤なウソなのですが、銀行や証券会社がこのとんでもないウソをまきちらして、顧客の不安をいたずらにあおり、株式投資信託などのボッタクリ金融商品を売りつけたりします。ここで、インフレと預貯金・債券の金利の関係を整理し、どんな金融商品がインフレに強いかを示しましょう。

満期が短い、シンプルな預貯金・債券は、インフレのリスクに対して相対的に強い金融商品です。まず、インフレが起きると、「1万円でなにが買えるか」という意味での貨幣の実質価値が目減りします。ですから、現金はインフレに弱いといえます。

しかし、預貯金・債券には、金利がつきます。その金利がインフレ率より高ければ、インフレによる実質価値の目減りを上回る金利がつき、実質価値はトータルでは減りません（金利のほうが高いぶんだけ、増えます）。つまり、金利がインフレ率より高いという条件さえ満たされれば、預貯金・債券はインフレに強いといえます。

実際に、金利が自由に決まるふつうの国では、預貯金・債券の金利は、たいていの場合、インフレ率を上回るはずです。……日本では、かつて、石油ショックでインフレ率が高まったときに、預貯金の金利がインフレ率を下回ったのですが、それは、政府が預貯金の金利変動を制限していたからで、金融の自由化が進んだいまでは、まったく参考にならない話です。

そこで、アメリカの預金の金利と、インフレ率の関係をみてみましょう。アメリカのドルは、昔から海外の金融市場でも貸し借りがおこなわれていて、当初はアメリカ政府の手が届かないヨーロッパの金融市場での取引でしたので、Ｅｕｒｏ《ユーロ》市場と呼ばれています。このＥｕｒｏは、そのあと導入されたヨーロッパ共通通貨のｅｕｒｏ《ユーロ》とは異なるものです。

アメリカの消費者物価上昇率（代表的なインフレ率の指標）と、Ｅｕｒｏ市場での米ドルの預金金利（１ヵ月物）をグラフにしたのが、**図31**です。たいていの期間で、預金金利がインフレ率を上回っています。大企業などが預けるような大口の預金であれば、他の預

図31　たいていは、預金金利が消費者物価上昇率を上回る

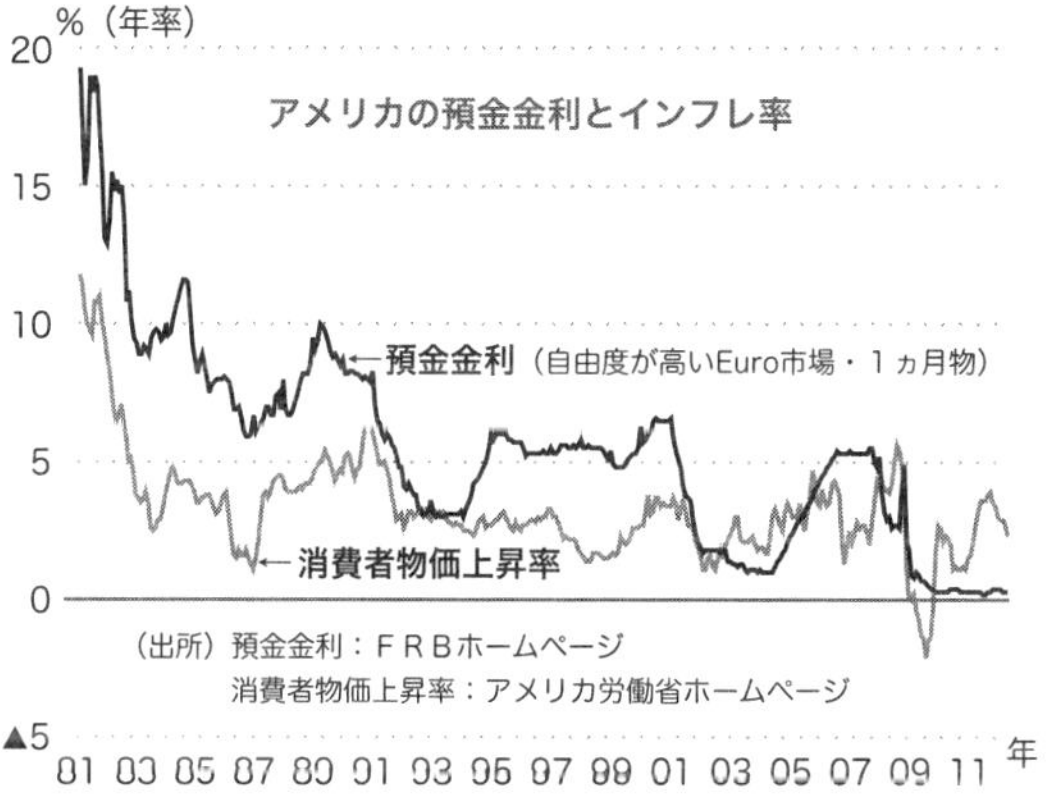

（出所）預金金利：ＦＲＢホームページ
消費者物価上昇率：アメリカ労働省ホームページ

金金利のデータをみても、同じことがいえます。……人件費などが安いネット専業銀行への預金であれば、小口の預金でも、インフレ率を上回る金利がつきやすいと思われます。

ただし、グラフをよくみると、２００３〜04年と08年と10年以降では、預金金利がインフレ率（消費者物価上昇率）を下回っています。こうした事態が起きるのは、この期間にはアメリカの中央銀行（ＦＲＢ）が極端な低金利政策を採用しているからです。

場合分けをすると、インフレ率がかなり高いときには、中央銀行がインフレ抑制を意識するために、金利が引き上げられ、インフレ率より高い金利になります。他方、インフレ率がそれほど高くないうえに、不況がひどいときには、

中央銀行が景気対策を優先するために、金利が引き下げられ、ときには、インフレ率より低い金利になります。

図にある預金金利は、満期が1ヵ月のものです。他方で、中央銀行が金利を思い切って引き下げているケースでも、預貯金・債券の金利は、満期が長いほど高くなるのがふつうで、とりわけ、極端な低金利政策がおこなわれているときには、そうなります。だから、満期がもっと長い預貯金・債券を選ぶと、いまの段階でのインフレ率には勝ちやすくなります。

ところが、たとえば年3％のインフレ率のときに、金利が年4％の定期預金あるいは債券で運用すれば、安心かというと、そうではありません。その定期預金あるいは債券の満期が5年で、運用を始めた翌年に、インフレ率が年10％に上がったら、そのあとは年10％の実質価値の目減りに対し、年4％の金利しかもらえませんから、インフレに負けてしまいます。

社債は買うべきではない

いちばんのポイントは、「満期が短い」あるいは「コストなしで解約できる」という性質こそが、インフレへの対抗手段になると知ることです。両方の性質があって、金利がいまのインフレ率より高ければ、理想的です。

どちらかの性質がある金融資産で運用をしていて、インフレ率が急に高まってきたら、高まったインフレ率に対応して高金利になった預貯金に預け替えれば、インフレ対策になるからです。……インフレ率がある程度以上に高くなると、ふつう、中央銀行がインフレ対策を優先しやすいので、インフレに負けない金利がつくようになります。

つまり、預貯金あるいは債券で、元本を守ることを優先した資産運用をしたいなら、解約や売却がやりやすいか、満期が短いかで（できれば両方で）、運用先を乗り換えやすいことこそが、リスク管理上いちばん大切なのです。

金融リスクには、38ページの**表2**にあったような複数種類のリスクがあります。とりわけ、市場リスク、信用リスク、流動性リスクの３つが重要で、さらに、ここではインフレのリスクに焦点を当てて考えています。

インフレのリスクとは、インフレによる貨幣の実質価値の目減りに対抗できるだけの資産価格上昇があるか、あるいはインフレ率以上の金利がつくかという話ですから、市場リスクのなかにふくまれます。ただ、債券投資では最重要の問題ですので、市場リスクとは別に考えているわけです。

もちろん、債券を満期前に売る可能性を考えれば、価格変動による損失のリスク――市場リスクにも注意が必要です。また、債券投資でいちばん悪い結果をもたらすリスクは、債券の発行体が経営破綻して、元本がほとんど戻らないリスク――信用リスクです。

これらのリスクと、筆者が大切だと強調する流動性リスク（流動性が低く、解約や売却がやりにくいことで損をするリスク）に対して、本章冒頭で紹介した**図30**の各債券がどれだけ抵抗力をもつのかを整理したのが、**表3**です。✕・×・▲・▲は危険であることを意味し、白塗りの○や△は、相対的に安全であることを示します（リスクの程度をどう表現しているかは、表の下に記してあります）。

ふつうの社債に投資するとき、いちばん恐いのは、発行企業の経営破綻です。つまり、信用リスクに気をつけて買うべきです。そして筆者は、個人が社債の信用リスクを負うのは、はっきりいって、避けるべきだと考えます。

社債投資での信用リスク対策は、たとえば100社以上の企業の社債に分散投資して、1社が倒産しても、社債投資全体では1%以下の損失で済むようにしておくというものです。安全そうな社債を選ぶ限り、信用リスクを負うことで得られる金利の上乗せは、小さ

表3　リスクの面で、個人が買っていい債券は、国債だけ

各リスクへの抵抗力	市場リスク	信用リスク	流動性リスク	インフレのリスク
社債	▲	×	△	▲
個人向け社債	▲	×	×	×
ミニ公募債	▲	△	×	×
国債（10年物）	▲	○	○	▲（灰）
個人向け国債（変動金利型）	○	○	△	△
メガバンクの劣後債	×	×（太）	×（太）	×（太）

リスクに対して　強い ○ △ ▲（灰） ▲ × ×（太） 弱い

いでしょうから、それを目的に社債投資をして、失敗時には大きな割合で元本を失うかもしれないなんてやり方は、割に合わないからです。

個人による社債投資が合理的だといえるケースは、おもに2つに限定されています。いま述べたように、経営が安全そうにみえる企業ばかり、100社以上の社債に分散投資するかたちで買うのが、そのひとつです。

もし、1社とか数社の社債にしか投資しないなら、倒産の危険性が高そうにみえるために、金利（流通利回り）が数十％にまで跳ね上がってしまった社債を流通市場で買うべきです。それなら、リスクは高いものの、いわゆるハイリスク・ハイリターンの投資として成立します。

こうした投資ができない個人は、社債投資をするべきではありません。安全そうな企業の社債を買うと、ほんの少し高い金利がもらえるかもしれません。しかし、同じ満期の国債と比べて、余分にもらえる金利はとても少なく、それと引き換えに、元本をほぼ全額失う危険性を覚悟するべき投資となるからです。

なぜ「個人向け国債」はおすすめなのか

個人向けの債券も、いろいろと登場していますが、社債や地方債で個人向けのものは、残念なことに、個人が買ってはいけないものです。個人向け債券で、例外的に投資してもいいものは、「個人向け国債」だけです。なぜでしょうか。

個人向けの債券は、その名の通り、基本的に機関投資家などは買えない債券ですから、満期前に売却しようとすると、すぐにそれを買ってくれる投資家が簡単にはみつかりません。流動性リスクが高いことが明らかで、流動性リスクが高い債券は、それだけで、個人向けとはなりません。

つまり、個人向け債券は個人向けであるがゆえに、たいてい、個人が買うべきではない債券となります。皮肉なことです。具体的にいうと、「個人向け社債」と、個人向けの性質が強い「ミニ公募債」には、投資すべきではありません。

ところが、個人向け国債だけは、財務省が流動性を確保する工夫を凝らしています。個人が売りたいときには、財務省が買い取ってくれるのです。……その際に少しコストがかかりますし（やむをえないコストですが）、ちょっとした制約もありますから、**表3**では、流動性リスクへの抵抗力を△としました。しかし、たとえば東日本大震災の直後には、被災者に対する救済措置を発表しており、流動性の高さ（流動性リスクの低さ）を売り物にした金融商品となっています。

なお、個人向け国債にはいくつかの種類があります。そのなかでは、金利が変動することでインフレに強い構造になっている「変動金利型・10年物・個人向け国債」が、いちばんのおすすめです。……他に、個人は買いにくいのですが、金利が完全にインフレ率に連動する物価連動債というものもあり、それよりは、インフレのリスクへの抵抗力が少し劣りますので、**表3**での評価は△としました。

東日本大震災からの復興支援のために、個人向け国債は「個人向け復興国債」と名称を変えており、それとは別に「個人向け復興応援国債」も登場しました。前者のうちの変動金利型・10年物がおすすめです。1・4・7・10月の年4回募集があり、1万円単位で購入できます。

ここで強調したいのは、流動性リスクさえ避ければ、他のリスクもたいてい管理できるという点です。固定金利の債券の場合には、経済情勢や市場金利の変動に応じて価格も変動しますから、市場リスクがあります。満期前に売ると、元本割れになる危険性があるのです。でも、債券価格が少し下がったときにすみやかに売れば、市場リスクによる損失は限定できます。

この話は、市場リスクの一部でもあるインフレのリスクに対抗するときにも、通用します。債券に限らず、株などの他の資産でも同じことですが、流動性リスクを避けて、ほとんどコストを払わずに解約や売却がすぐできる資産に投資していれば、価格下落による損失を小さく限定できます。

また、インフレになったら、インフレに負けない金利がつく預貯金・債券に、すみやかに乗り換えればいいのです。たとえば、金利がしっかり上がった預貯金か、変動金利型の個人向け国債に乗り換えればいいでしょう。

流動性リスクに注目すれば、債券のなかでも飛び抜けて取引量が多く、流動性リスクがとても低い、ふつうの国債は、個人にとっても投資がしやすい国債といえます。**表3**のなかでは、変動金利型・個人向け国債が10年物ですから、それとの比較を意識して、10年物の国債（固定金利型）を前提にリスク評価をしています。

固定金利で満期10年ですから、満期までもつと、インフレに弱いといえます。満期前の価格変動は相当に大きくなりますから、売却によって元本割れになる危険性が十分にあります（その代わり、売却で値上がり益を得る可能性もあります）。しかし、流動性が十分にあります（流動性リスクは低い）ので、インフレが起きそうなときには、売却して損失を限定できます。

とはいえ、固定金利で10年物の長期国債に投資しながら、インフレのリスクに対応したければ、経済情勢をいつもチェックして、インフレの兆しを見逃さないようにする必要があります。債券投資は、マクロ経済の変化に賭ける部分が大きな投資ですから、そもそも、マクロ経済についていてきちんと観察を続ける覚悟がないなら、おこなうべきではありません。

国債以外の債券は買ってはいけない

さて、近年人気がある「メガバンクの劣後債」は、絶対に買うべきでない金融商品です。理由は、ほとんどの個人投資家にはリスク構造が見抜けないからです。そして、リスクを正しく把握できる投資家は、まず買いません。

もしかすると、例外があるかもしれませんが、個人投資家をメインターゲットにして宣伝されているものは、（筆者が確認した限りでは）ほとんどが「オプションの売り」と呼ばれるデリバティブ（金融派生商品）を組み込んでいます。……それがわからないような販売資料で勧誘しているところだけをみても、相当に警戒すべき商品だとわかります。

オプションの売りはたいへん危険な取引で、したがって、メガバンクの劣後債を買ってはいけません。オプションの買いと売りがなにかわからずに、デリバティブが組み込まれたメガバンクの劣後債を買うのは、アクセルとブレーキの区別がつかないのに、クルマに乗るようなものです。

表3のリスク評価をふまえて、**図30**にあった各債券を評価すると、**図32**のようになります。債券のあいだで相対的なリスク評価をすると、国債だけが、個人が買ってもいい債券となります。

それで、国債なんて買いたくないという個人は、それでいいと思います。筆者は財務省の国債販売を手伝いたいとは、決して思っていませんから。ここでいいたいのは、国債を買わないのなら、社債などの債券もまた、買うべきではないということです。残念ながら、個人がどうしても債券を買いたいとき、買ってもいいのは国債だけで、それが嫌なら、債券投資はあきらめましょう。

本書のような本を手にとる読者のなかには、政府の借金である国債について、ネガティブな印象しかもっていない人がいる（たぶん、多いのではないか）と推察します。しかし、金融機関や機関投資家が、世界のどこかで金融不安が高まったときに、国債に資金をシフトさせるという現実があります。海外投資の対象として債券を選ぶときも、他の債券を買うぐらいなら、その国の国債を買うことをおすすめします。

もちろん、上級編としては、どんな債券を買うかという投資もありうるのですが、金融知識がよほど豊富な人でも、国債以外の債券への投資はむずかしいといえます。各種のリスクについて具体的な数値で把握して覚悟できるようになってから、

図32　個人は、国債以外の債券を買うな！

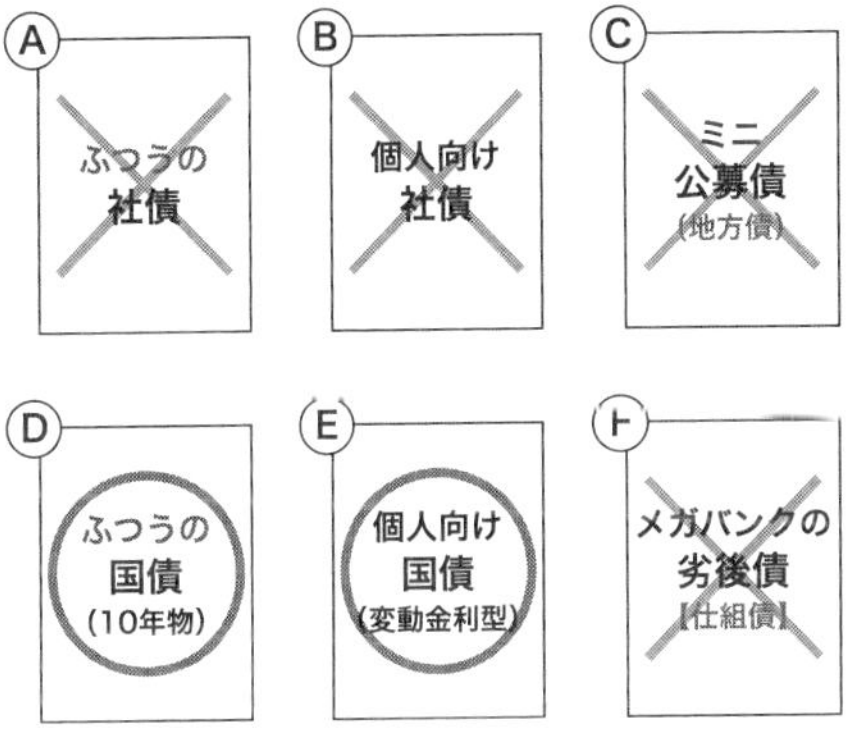

チャレンジするべきでしょう。

メガバンクの劣後債が危険すぎる理由

美愛　資産運用の指南書をたくさん書いている△△さんが、特別に有利な金融商品として、メガバンクの劣後債をすすめていましたけど。

官上　△△氏は、株式投資信託とか年金保険とかを辛口でバッサリ切っていたし、日本の金融機関に対していつも否定的なのにね。

美愛　銀行と証券会社の悪口は書いていて、メガバンクの劣後債は特別に有利な商品で、ふつうの顧客にはすすめずに、VIP顧客にだけ売っているって……。

財豊　それは単なる誤解だね。劣後債は、ふつうの顧客にもバンバン売られている。

美愛　VIP向けじゃないんですか。

官上　本当にVIP顧客向けだとしても、特別に儲かる金融商品なんて、ないよ。VIP向けのほうが、ひどいボッタクリ金融商品だったりする。

財豊　メガバンクの劣後債も、絶対に避けるべきボッタクリ金融商品だよ。なにより、相当に危険な債券だ。

官上　危険なデリバティブを組み込んだ、いわゆる仕組債ですからね。

美愛　仕組債って、リーマンショック後に、有名大学なんかに巨額損失をもたらして、あちこちで裁判になっているものですよね。

財豊　明らかな欠陥商品で、あれをぜんぜん取り締まらない金融庁は、けしからんね。

官上　いまは、仕組債のパンフレットもずいぶん改善されましたよ。

財豊　ところが、メガバンクの劣後債のパンフレットだけは、デリバティブが組み込まれていることへの注意がまったく書かれていない。銀行業界が自分たちで決めたガイドラインすら、まったく守る気もない。

官上　……。

図33　メガバンクの劣後債パンフレットの例

新規発行 円建て債券（社債・期間10年）のご案内
株式会社 ひのまるMEGA銀行
期限前償還条項付無担保社債（劣後特約付）

年利率 税引前（仮条件）	
当初５年間	0.90〜1.50%
以降５年間	スワップレート ＋ 0.40〜0.80%

【発　行　日】2012年12月XX日
【利　払　日】毎年12月・6月の各XX日／年2回
【償　還　日】2022年12月XX日（期間10年）
※ただし、2017年12月XX日（5年後）に期限前償還される場合があります。
【発 行 価 格】額面100円につき100円
【申 込 単 位】300万円以上300万円単位
【格　　　付】A（ひのまる格付センター）取得予定

本社債には『価格変動リスク』『信用リスク』『期限前償還リスク』があります。『期限前償還リスク』は、発行者の選択により、期限前償還されることがあるリスクです。

ひのまるMEGA証券

※これは架空の商品説明書です。

財豊　ここに、あるメガバンクの劣後債のパンフレットがある（**図33**）。ファイナンス論の講義で題材に使ったから、ちょうどもっていたんだ。

美愛　これこれ。△△さんがすすめていたのは、これと同じものよ。

財豊　メガバンクが発行する社債で、満期は5年か10年のどちらか。当初の5年の金利は、0・9〜1・5%で、なかなか高い。おまけに、満期が10年になるときは、後半5年の金利は、スワップレートに加えて0・4〜0・8%の上乗せがある。

美愛　スワップレートって、なんですか？

官上　正確な説明じゃないけど、銀行が他の銀行からおカネを借りるしきの金利だと思えばいい。

財豊　そうだね。ふつう、銀行の定期預金は、スワップレートより低い。だから、スワップレートに上乗せがある金利となると、相当に高い金利がもらえるってことだ。

美愛　教授の話を聞くと、すごく有利な債券にみえますけど……。

官上　私は以前、教授に解説していただきましたからわかっていますが、この商品に隠された罠は、よほどの専門家でも見抜けないのでは……。

財豊　いや、本当の専門家ならすぐに見抜くよ。でも、ふつうの個人には無理だろう。

美愛　私なんか、きちんと説明されても理解できないでしょうね。

財豊　美愛なら、ヒントをあげれば気づくさ。ポイントは、満期が10年になって、後半のこの高金利をメガバンクが支払ってまで、おカネを借り続けたいのは、どんなときかってこと。

美愛　おカネが借りたいから借り続けるだけじゃないの？

財豊　そうなんだけど、そのメガバンクが他の銀行からおカネを借りるなら、0・4〜0・8%低い金利で借りられるはず。
美愛　それなら、この社債の満期を10年にしなくてもいいわね。
財豊　もし、どうしても満期10年にして、あと5年、この社債の購入者から借り続けたいときがあるとしたら？
美愛　うーん、他の銀行から借りられないってことですか？
財豊　正解！
美愛　でも、メガバンクが他の銀行からおカネを借りられないってことは、経営状態がかなりヤバいってことですよね。
財豊　正解だね。だから、この社債が満期10年になったときには、後半5年の高金利に意味はない。このメガバンクが経営破綻して、この社債の元本がほとんど失われる危険性が十分にあるからこそ、満期が10年になったと考えるべきなんだ。
美愛　でも、経営破綻が起きたとしても、メガバンク発行の社債の元本がほとんど戻らないなんて、ありえないんじゃ……。
官上　美愛ちゃん、劣後債の意味を知らないでしょ。

美愛　はい。

財豊　わかりやすくいうと、劣後債は、経営破綻時の返済の優先順位がずっと後回しにされる債券。だから、元本がすべて戻らないことを覚悟して買うべき社債だ。

美愛　それなのに、5年後にこのメガバンクが経営危機にあるときに限って、投資家は、その危ない銀行にあと5年もおカネを貸し続けることになるんですね。でも、メガバンクの社債だから、危ないと思ったら、すぐ売ればいいんじゃないの？

財豊　劣後債で、しかも危険なデリバティブが組み込まれているから、元本よりずっと安い価格でも売れるかどうか。危ないかもしれないと思ってからだと、元本の7割以上で売るのは、まず無理だろう。もしかしたら、元本の半値、いや数分の1の価格でしか売れない危険性だって……。

官上　デリバティブを組み込んだ仕組債は、日本では、満期前に売ると、数十％の損をするのがふつうです。流動性リスクが高すぎますよね。

美愛　危ないと察知してすぐ売っても、大損からは逃げられないってことね。教授がボッタクリ金融商品っていう理由が、よくわかったわ。元本がほとんど消えるリスクがあるのに、このぐらいの金利の高さなら、ぜんぜん割に合わない。

財豊　そんなこと、このパンフレットを読むだけでは、わからないだろ。

美愛　このパンフレット、本当にひどすぎますね。悪徳商法で訴えられないのが不思議ですけど。

財豊　他の企業がやれば、まずアウト。でもメガバンクだから、これだけ悪質でも許される。日本のエリート官僚たちの善悪の判断なんて、そんなものさ。

官上　……。

財豊　本当にダメなのは、マスメディアだ。正しい解説ができないなら、メガバンクの劣後債については取り上げなければいい。ところが、いかにもまともな社債であるかのように取り上げる。日本のマスメディアは、官僚や大手企業に媚びすぎなんだ。

官上　いやいや。われわれとしては、あまりに勉強不足の記者が多いから、親切に教えてあげるだけです。

財豊　記者が馬鹿なのを利用して、うまく情報操作をしているくせに、よくいうよ。日本政府の借金の話だって、デタラメな話がよく新聞に載るけど、いつだって、財務省に都合がいいようにまちがっているよね。

美愛　でも、日本政府の借金の残高は、GDPの200％を超えていて、だから日本国債はいつか暴落するかもしれないっていうのは、事実ですよね。そうなったら、円相場も大幅な円安になるって……。

財豊　GDPの100％を超えたときにも大騒ぎしていたけど、日本国債の価格は暴落するどころか、そのあともどんどん上がった。しかも、アメリカやフランスやイタリアも100％を超えている。日本国債が問題なら、欧米の国債も問題なのに、日本政府の借金だけを強調して、円安になるっていうのは、本当にいいかげんな話だ。

美愛　でも、GDPの2倍を超える借金は、やっぱり問題では？

財豊　借金の残高について、対GDP比の数字をことさら強調する人たちは、データを読むときの基本がまったくわかっていない素人か、なんらかの意図があって自分たちに都合のいい話をしたい詐欺師か……。

美愛　えー。官上さんはどっちなの？

官上 私は……、国民をだましたりしませんよ。でも、少なくともこのデータについては、素人じゃないですね。

財豊 じゃあ、正直に美愛に説明してあげて。

官上 日本政府の借金残高にはいくつかの指標があるけど、1000兆円ちょっとという統計を採用することにしよう。面倒だから、ぴったり1000兆円とするね。

美愛 すごい金額。

官上 日本のGDPは、期間を1年間で測れば、約500兆円。仮に、ちょうど500兆円だとする。こうして対GDP比をみれば、200％になる。

財豊 その計算は正しい。でも、200％という数字そのものにはまったく意味がない。

美愛 教授がおっしゃることのほうが、意味不明ですけど。

官上 いや、教授のご指摘は正しい。そもそも、GDPと比べるのが適切かどうかが微妙だけど、みんながそうしているから、ここではGDPと比べることにして……。GDPは、もともと四半期ごとに発表される。四半期で測れば、1年の

４分の１になるから、１２５兆円。あるいは、政府の借金なんて、長期で返済していくものだから、10年間のＧＤＰと対比するつもりなら、５０００兆円と比べることになる。

美愛　あ、わかりました。20年で返済する計画を立てるために、まず、20年間のＧＤＰと比べると、１００００兆円……たしか、１京《けい》円っていうんでしたね。どっちにしても、日本政府の借金残高は対ＧＤＰ比で、たったの10％にしかならない。

財豊　別の見方もできるよ。四半期のＧＤＰと比べたら、ずっと昔に、主要先進国の借金残高は対ＧＤＰ比で１００％を超えていて、１００％を大幅に超えても国債価格には影響がないという話になる。

美愛　でも、四半期っていうのは、期間が短すぎる。

財豊　そうだよ。ただ、それなら1年のＧＤＰと比べるのはいいのか？

美愛　短すぎると思います。住宅ローンを組むときに、1年間の収入が８００万円として、８００万円の１００％を超える借金はダメだとか、２００％を超える借金はダメだなんて、そんな話はほとんどしないですから。

官上　ましてや、個人は退職するまでにローンを返すといった話になるけど、政府は個人より長い年数をかけて借金を返してもいい。

美愛　まじめに返済計画を立てるための基礎データにするなら、20年どころか、30年とか50年とかでのＧＤＰと比べてもおかしくない。

財豊　すると、対ＧＤＰ比が10％とか、もっと小さな数字、つまり数％とかになる。

美愛　いきなり、危機感がまったくなくなりますね。その数字も詐欺っぽい気が……。

官上　数％は極端に思えるけど、２００％だって同じこと。

美愛　どうしても、１年と10〜50年のＧＤＰのどちらかと比べるなら？

官上　正直に答えるしかないね。日本政府は満期が30年の国債も発行していて、特別に高い金利を提示しなくても、ふつうに30年の借金ができている。だから、30年のＧＤＰと比べるのは、少なくとも、１年という短すぎる期間のＧＤＰと比べて２００％を超えたと騒ぐよりは、ずっとマシだ。

財豊　さすがにわかっているじゃないか。まあ、日本の優秀な官僚たちは、こういう数字でウソはつかない。マスメディアや政治家や国民が勝手に誤解するように、うまく発表するだけだよね。

官上　……。

美愛　でも、1000兆円の借金はひどすぎます。その深刻さを国民に意識させるのは大切でしょ。

財豊　その通りだよ。それは認める。ただ、この問題での日本と欧米諸国との差は、いわゆる五十歩百歩だ。だから、日本政府の財政問題が大幅な円安をもたらすなんていう主張は、かなり怪しいということ。

官上　対米ドルや対ユーロの円相場は、日本だけの事情では決まらず、必ず、アメリカやユーロ圏諸国との相対関係で決まりますからね。

財豊　しかも、どちらかというと日本の事情より、アメリカやユーロ圏諸国の事情のほうが、円相場に強く影響する。

美愛　2年分のGDPを基準にすると、日本政府の借金残高は対GDP比で100%を超えたといえるけど、アメリカ・フランス・イタリアも50%を超えている。このとき、100%という数字がなにか特別なものだと誤解しやすいのが問題なんですね。
官上　さすがに美愛ちゃんだ。２年を基準に選ぶとは……、ここまでの話をうまく応用してみせたね。
美愛　逃げた歩数が五十歩と百歩だと、百歩に特別な意味は感じない。政府の借金残高の話は、数字がいくらでも操作できるから、50％と100％の関係も、100％と200％の関係も、五十歩百歩と同じってことですよね。
財豊　正解！　おーい、ママ、座布団1枚もってきて。いや待て、２枚かな？
美愛　１枚でも２枚でも、差はないって話でしょ。

流動性リスクはこんなに恐ろしい

欧米では、資産運用の最初のステップとして「インフレに負けない運用」をめざすことが、強く意識されています。石油ショックの前後に資産運用をしていた、現在の高齢者が、預貯金での手堅い運用に不安をもつのも、規制金利という昔の特殊事情が、預貯金はインフレに弱いという誤解を定着させてしまったからでしょう。

その一方で、固定金利の中・長期債券に投資をすると、預貯金よりもずっとインフレに弱いはずなのに、預貯金の代わりに債券で運用しようとする個人が増えています。債券投資に求めるべき機能をまちがって考えているようにみえます。

すでに述べたように、もし社債への投資に「少し高い金利」を求めるのなら、100社以上の社債に同時に投資するか、あるいは、きわめて限定された利益を狙う代償として、元本がごっそり失われる危険性（ただし確率は小さい）を覚悟するか、いずれかを選択する必要があります。また、国債をふくめた債券投資は、変動金利型の債券でない限り、売却時に価格が下落していれば、損をするリスクがあります。

満期前に売る可能性があれば、「たいていの債券投資は元本保証の投資ではない」と覚悟すべきです。これに対して、「安全性が高い債券を満期までもてば元本保証だから、市場リスク（債券価格変動による元本割れのリスク）は無視してもいい」と考える人が、金融機関のなかにも金融分野を専門とする学者のなかにも、たくさんいます。

しかし、「必ず満期までもつ前提」で債券投資をするのは、ただ愚かなだけです。とりわけ個人は、そのような前提で債券投資を考えてはいけません。

満期まで保有するつもりだからと、債券などの流動性リスクを無視すると、具体的にどう危険なのでしょうか。たとえば、年3％の金利がつく一方で、5年間絶対に売却できない債券があるとします。50歳で、あと10年以上は正社員として働くつもりの人が、老後に備えた資金の1000万円で、その債券を買ったとします。

そして2年後、勤め先の会社が突然に倒産し、職を失い、退職金もほとんどもらえなかったとします。悪いときに悪いことは重なりやすく、つぎの仕事がなかなかみつからない状態が続き、心労で倒れたとすると、どうなるでしょうか。

1000万円の債券が売れればいいのですが、絶対売却できない債券を想定していますから、その債券を担保におカネを借りたとしましょう。その借金の金利は、たいてい、とても高くなるでしょう。個人が借金をするときの金利はふつう高く、年10％以上の金利でしか借りられないことも多いはずです。そもそも、一家の稼ぎ手が職を失い、病に倒れたからこそ、借金をしようとしているのです。

結局、相当に高い金利を支払うことになるのですが、これは、流動性リスクのある資産で運用をしていたからこそ、必要になった出費で、資産運用の失敗による損失だと考えるべきです。流動性リスクがとても恐いのは、このように、経済的なダメージを受けているときにこそ、さらに損失を膨らませるからです。

よほどの富豪でない限り、「5年間は絶対に使わないおカネ」と決めつけていいおカネなど、本当はもっていないはずです。職を失っても、高額の治療費を自己負担するしかないような病気になっても、なんらかの事故や事件に巻き込まれて、多額の出費が必要になっても、それでも絶対に使わずに済むおカネなら、どうぞ、流動性リスクが高い資産に投資をしてください。

実際には、それほどおカネに余裕がある個人が、ちょっと高い金利を稼ぐために、流動性リスクが高い債券に投資をするなんて、ほぼ無意味です。

たいていの人にとって、想定外の状況に陥ったときにさらに損失をもたらす流動性リスクは、絶対に避けるべきリスクです。流動性リスクのことを考えず、債券は手堅いと勝手に決めつけている日本人が多いのですが、流動性リスクが高い債券への投資は避けるべきです。だから、債券投資をするなら、国債を選ぶべきなのです。

大手金融機関が損失を個人に押しつける？

さてここまで、社債への投資は、信用リスクを負うけれども、それに見合った金利のト乗せがあるという前提で、話をすすめてきました。実際に、大部分を機関投資家などに販売する前提で発行される社債は、そうした上乗せがないと売れませんから、実際に、信用リスクに応じた金利の上乗せがあるでしょう。

では、個人向け社債はどうでしょうか。これについて、参考になる事例があります。流通業の大手企業が経営破綻する前の話です。その企業の社債を買って、被害をこうむった人たちが起こした裁判で、一定の被害回復が認められていますから、そうした被害者の主張がある程度認められたという前提で、説明します（被告の金融機関側は否定した内容ですから、絶対にこうだとは断言できません）。

メインバンクや主幹事証券（ともに大手金融機関）は、おそらく内部資料から経営破綻が想像できた状況で、その企業に社債発行を続けさせ、個人投資家を中心に、その社債を売りまくりました。このとき、社債の金利は経営不安を十分に反映していなかった――真の信用リスクに見合うような金利はもらえない社債だったと、疑われています。

そして、個人に社債を売って集めたおカネで、メインバンクが融資を回収したと、投資家側の弁護士たちは疑いました。筆者が話を聞いた限りでは、合理的な主張をしているようにみえましたが、日本の裁判所は、社債の信用リスクと金利の関係などの話は、ほとんど相手にしなかったようです。信頼できる学者（筆者ではありません）の協力を得て、この事例の社債について分析した弁護士は、「日本では社債を個人に売るべきではない」といいました。筆者は、この意見に同意します。

大手金融機関が、自分たちの融資が失敗したことによる損失を、信用リスクに見合わない条件の社債を個人に売りまくるかたちで、個人に押しつけることが、日本では十分に可能です。同じような話でも、金融機関が株を先に売り逃げして、後にそれがインサイダー取引と認められれば、最近はそれなりに罰せられるようになりました。しかし、社債の場合、まだまだ甘いといえます（２０１２年夏時点）。

金融機関による株のインサイダー取引については、表面化した事例は氷山の一角にすぎないとの指摘もあります。ただし、今後は処分が厳しくなりそうです。そんな状況で、さて、個人向け社債でも同じように、メインバンクなどが他人に損失を押しつけることが可能で、そちらのほうが処分が甘い（日本ではほとんど問題視されない）というのが、ここまでの話でした。

そうなると、表面上は健全にみえて内実は経営危機に陥っている有名企業のメインバンクや主幹事証券が、個人向け社債を利用して個人投資家に損失を押しつける誘惑に勝てるかどうか？　ここから先は読者の想像にお任せしますが、筆者なら、絶対に個人向け社債などに手を出さないという個人的な判断だけは、表明しておきます。あとは、自己責任でご判断ください。

個人が債券投資をするなら、その目的はリスク管理——株式投資などのリスクを抑制する分散投資であるべきです。第3章で説明したように、他の方法での分散投資は、リスク抑制効果がどんどん消えて小さくなっています。しかし、「株など＋債券」タイプの分散投資はまだまだ有効です。

だから、リスクを抑制するための手法と認識しながら、債券投資をおこなうのは有効でしょう。このとき、市場リスクの抑制を目的にしているのですから、他の、信用リスクや流動性リスクなどを余計に抱え込んだのでは、なにをやっているのかわかりません。ある業種で複数の企業が経営破綻をして、日本全体の株価も下がって株で損をしたうえに、破綻した企業の社債ももっていて大損するといったことは、避けるべきです。

分散投資のために債券を買うのであっても、やはり社債は買ってはいけません。また、社債やミニ公募債への投資を安易にすすめるような販売担当者やファイナンシャルプランナーなどは、資産運用の専門知識に乏しい人だと考えるべきです。

第5章 外貨への長期投資は日本人には危険すぎる

長期の外貨投資で儲けた人はほとんどいない?

外貨投資について、いろいろな角度から検討しようとすると、それだけで1冊か2冊の本になります。本書では、おもにリスク管理の面から、外貨投資について考えます。

資産運用のリスク管理でいちばん大切なのは、一発で大損してしまい、取り返すのがとてもむずかしい資産状況になってしまうことを、いかに避けるかです。この点を意識してアドバイスをすると、「日本人は外貨への長期投資をするべきでない」といえます。順に、その根拠を説明しましょう。

長期投資のリスクをみるには、まず、第2章の図8～11で日経平均株価連動の株式投資について調べたときと、同じチェックをすべきです。そこで、米ドル投資を題材に、過去

図34　長期の外貨投資では、為替差損が生じやすかった

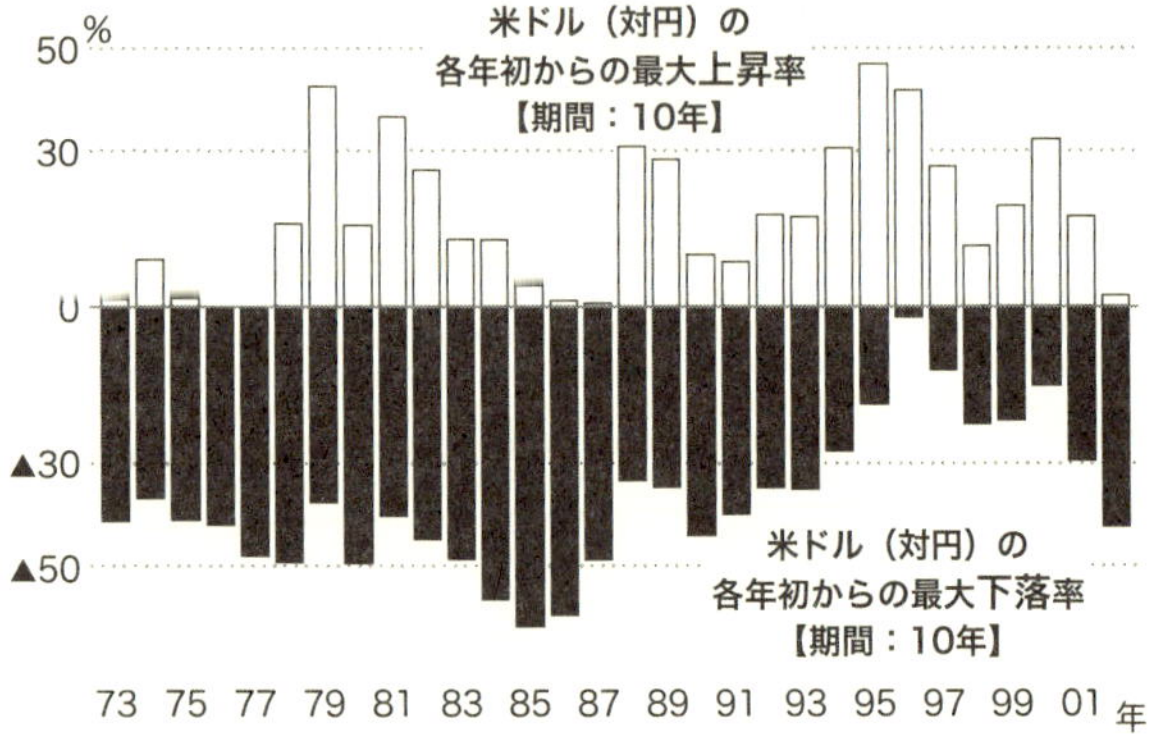

に期間10年の長期投資をしたとして、最大でどれほど上昇したのか――最大上昇率と、（絶対値でみた）最大でどれほど下落したのか――最大下落率を、並べてみたのが**図34**です。

　1973年に変動相場制に移行してから、対米ドルの長期投資によって50%を超える元本増加が得られたケースは、残念ながら、ありません。30%を超える元本増加も、そうそう起きていません。他方、対円での米ドルの最大下落率は、マイナス30%を超えるのがふつうです。マイナス50%を超えたことさえありました。

　過去の実績でみる限り、長期の外貨投資はかなり危険です。これにははっきりとした理由があり、それを本章から次章にかけて解説します。また、リスク構造が変わっていないことも示します。だ

からこれからも、長期の外貨投資は危険だと考えるべきです。

日本の円が、ほとんどの外貨に対して、長期の円高トレンドをもってきた理由は、国際経済学の教科書には必ずといっていいほど載っている「購買力平価」という基礎理論だけで、ほとんど説明できます。とても自然な理屈です。

１万円札と１００ドル札の価値を比べて、両方の価値がほぼ同じだと考える人たちが多数派なら、１万円札と１００ドル札の交換がおこなわれます。このとき、１万円＝１００ドルが交換レートで、これを為替レートとか、円相場とか呼ぶのでした。さちんといえば、対米ドル円相場です。

１万円＝１００ドルの両辺を１００で割って、両辺を入れ替えると、１ドル＝１００円です。説明をわかりやすくするために、この１ドル＝１００円が、基準となる年において、みんなが納得する対米ドル円相場だったとします。

短期的には、円相場に影響を与える要因はあれこれあり、そのために、円相場の予想はなかなか当たりません。しかし、10年とか20年とかの単位での長期的な動きは、意外に予想しやすいとされています。各国通貨の基本的な実力――おカネの価値とは、そのおカネでどんなモノが買えるか、どれだけのモノが買えるかで測ることができるからです。

もし、基準となる年――1ドル＝100円が適切な円相場だった年から20年後までに、日本の物価はほとんど変化せず、アメリカの物価だけが、2倍になったとします。単純にいうと、20年前に1万円で買えたモノは、いまも1万円で買える一方で、20年前に100ドルで買えたモノをいま買うには、200ドルが必要になりました。

基準となる年に、みんなが1ドル＝100円で納得していたのは、1万円で買えるモノと100ドルで買えるモノが、おおむね同じ価値のモノだったからです。ところが、いまや100ドルで買えるモノが半分になりましたから、1万円で買えるモノと同じ価値のモノを買おうとすると、200ドルが必要になっています。

2つの通貨の基本的な実力を等しくする円相場は、いまや、1万円＝200ドルになっていて、両辺を200で割って入れ替えると、1ドル＝50円になります。1ドル＝100円と比べて、大幅な円高になりました。日本の物価がアメリカよりずっと安定していたことに基づいて、自然にそうなったのです。

日本の物価が長期的にずっと安定していて、他方、海外のほうがインフレ率は高いという状況が、1980年代以降、どの外国と比べても続いてきました。だから、程度の差はあっても、ここで仮に示したような計算は、長期での円高トレンドが自然なものであった

図35 理論上、長期では円高トレンドがある

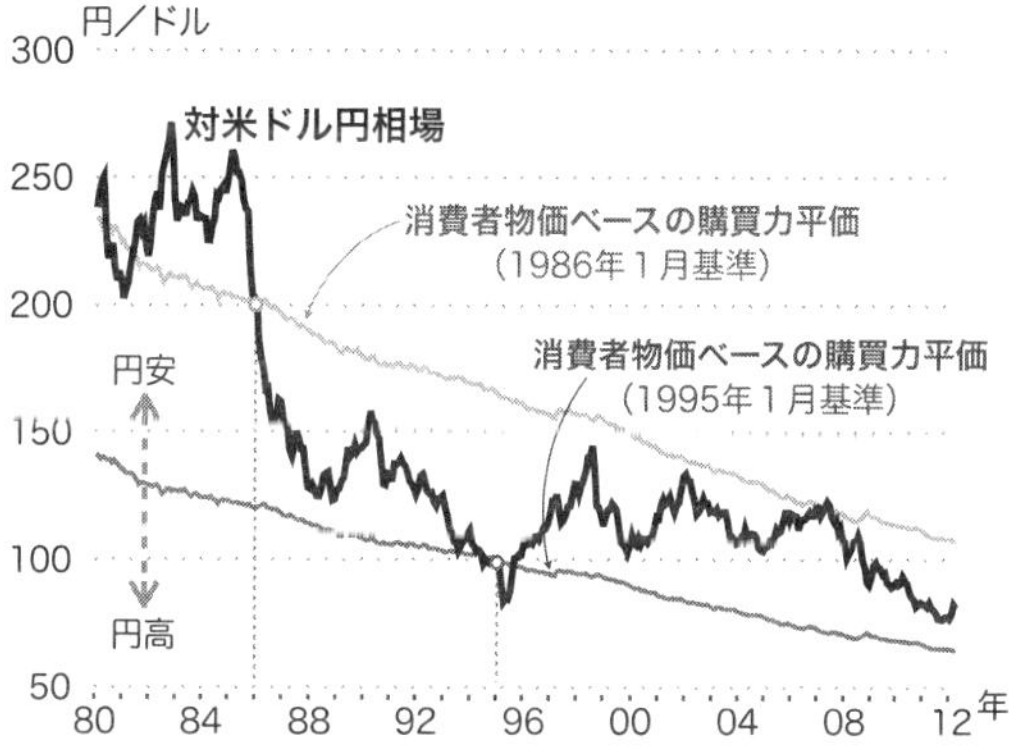

（出所）ＦＲＢなどの日米政府機関ホームページ［購買力平価は筆者が計算］

ことを意味します。

これが購買力平価と呼ばれる基礎理論での説明で、実際には、どの時点を基準にして計算するかがむずかしいのですが、なんらかの基準時点を設定して、購買力平価で円相場の動向を説明するグラフは、日本政府の白書などによく掲載されていました。筆者が購買力平価を計算して、現実の対米ドル円相場と比較したのが、**図35**です。

対米ドル円相場は、日本とアメリカという2つの国のあいだでひとつだけ決まります。そのため、両国政府が対米ドル円相場を自国の都合がいい水準に誘導しようとして、対立することがよくあります。かつて、この攻防戦がはっきりと両国の望む水準を浮かび上がらせた時期が

あり、そのなかから2つの時点を、購買力平価を計算する基準時点に選びました。

1985年秋に、有名なプラザ合意があり、日米両政府とも、円が安すぎると考えて、円高に誘導する市場介入をしました。それで、大幅な円高になったのですが、86年に入ってから、日本政府は円が急激に高くなりすぎたと考えるようになりました。両国政府の意見が分かれたわけです。

図35には、1986年1月を基準時点として計算した購買力平価を示してあります。これより円安の水準なら、日本政府としても円安すぎることを認めざるをえないはずの円相場を示しています。

1995年1月を基準時点とした購買力平価も計算し、**図35**に示しました。95年に入ってから4月まで、すごい勢いで円高が進み、超円高と呼ばれました。このときは、アメリカ政府高官の発言などがきっかけで円高が進んだのですが、日本政府が必死に抵抗して、一時的な円高で終わりました。

こちらの購買力平価は、かつてアメリカ政府が望んだ円高レベルを基準にしたものです。どちらの購買力平価をみても、現実の対米ドル円相場の長期での円高トレンドを説明できているといえそうです。

現在、日本は円高ではない

経済データについては、インフレ率を調整して、実質的な価値をみるという手法が、よく採用されています。たとえば、ニュースで必ず取り上げられる経済成長率と呼ばれるデータは、実質の経済成長率の数字が強調されます。

円相場（為替レート）についても、インフレ率を調整したデータがあり、かつ、いろいろな国の通貨に対する円相場の動きを平均したものがあります。インフレ率の調整をした円相場を「実質円相場」、いろいろな通貨に対する平均の動きをみる円相場を「実効円相場」と呼びます。

日本銀行などが、実質円相場で、なおかつ実効円相場であるものを計算して公表していて、これを「実質実効円相場」といいます。その推移を示したのが**図36**です。もし、すべての外国通貨に対して、購買力平価が示す円相場と現実の円相場が一致する状態が続けば、実質実効円相場は真横に、直線で推移することになります。

実質実効円相場が相対的に高すぎるときには、実質的に円高だったといえます。逆に、相対的に低すぎるときには、実質的に円安だったといえます。2011年には、日本政府

図36　長期の外貨投資をするなら、実質実効円相場をみよ

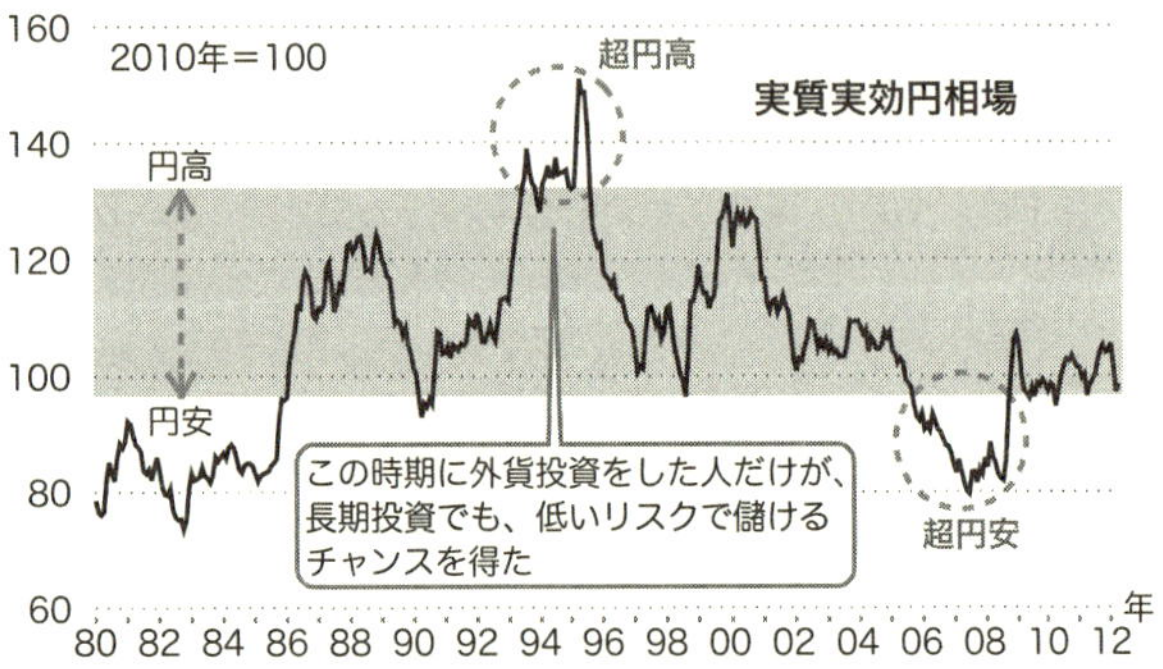

（出所）日本銀行ホームページ

が「いまの対米ドル円相場は円高すぎる」と主張しましたが、アメリカ政府は、日本政府がおこなった市場介入に不快感を示しました。

どちらの政府が正しいかは、ここでは論じないことにして、しかし、アメリカ政府の意向は円相場に影響を与えやすいことを強調しておきます。外貨投資をおこなう人は、アメリカ政府が「2011〜12年における1ドル＝75円は、実質的にはさほどの円高ではない」と考えていたことを、覚えておくべきです。

他方、1993年から数年間の円高は、アメリカ政府も本当は「円高すぎる」と意識していて、そのうえで日本政府を脅すために、強引に円高誘導をしたという経緯があります。ですから、本音では日米両政府が超円高だと認めていた1995年前後に、

長期の米ドル投資をした人は、相対的にかなり割安の相場で米ドルを入手できました。そのおかげで、大きく儲けるチャンスがあったのです（144ページの図34を参照）。

アメリカ政府による円高誘導は、外貨投資をする人にとっては、いつも警戒しておくべきもので、そのためには、実質実効円相場をチェックするべきです。基本的に、実質実効円相場が十分に円高になっているタイミングで外貨投資をするのでないと、長期の外貨投資は大損の危険性が高いといえます。

金融ショックが起きると、円高になる理由

美愛　2007年夏にサブプライムローン問題が表面化して、円高になって、つぎの2008年秋にはリーマンショックが起きて円高になって、大損した人たちがいますよね。

官上　アメリカで起きた問題だったからね。

美愛　でも、２０１１年３月の東日本大震災と福島原発危機の直後も、一時的に急に円高になって、戦後最高値を更新しましたよね。日本で起きた問題で、日本経済に大きなダメージを与えることが心配されたのに、なぜ円高になったんですか？

官上　いい質問だ。……いい質問すぎて答えられないから、教授、お願いします。

財豊　ポイントは２つ。大きなショックがあれば、基本的に円高になる。理由はあとで話す。また、美愛のいう円高は、対米ドル円相場での円急騰で、裏側では一時的にドルが暴落したことになる。もうひとつのポイントは、為替レートに限らず、株価などでも、ショックから少し経ってから暴落が起きることが多い。

官上　東日本大震災のときも、3月11日に震災と原発危機が起きて、しかし、急な円高になったのは3月17日でしたね。

財豊　その理由は、説明がむずかしいから、また別のときにしよう（第6章）。今日は、ショックが円安ではなく、いつも円高につながってきた理由を説明しよう。これは『日本経済の奇妙な常識』という本にある図だ（**図37**）。

図37　リスクを高めながらの円高進行は、ときどき起きる

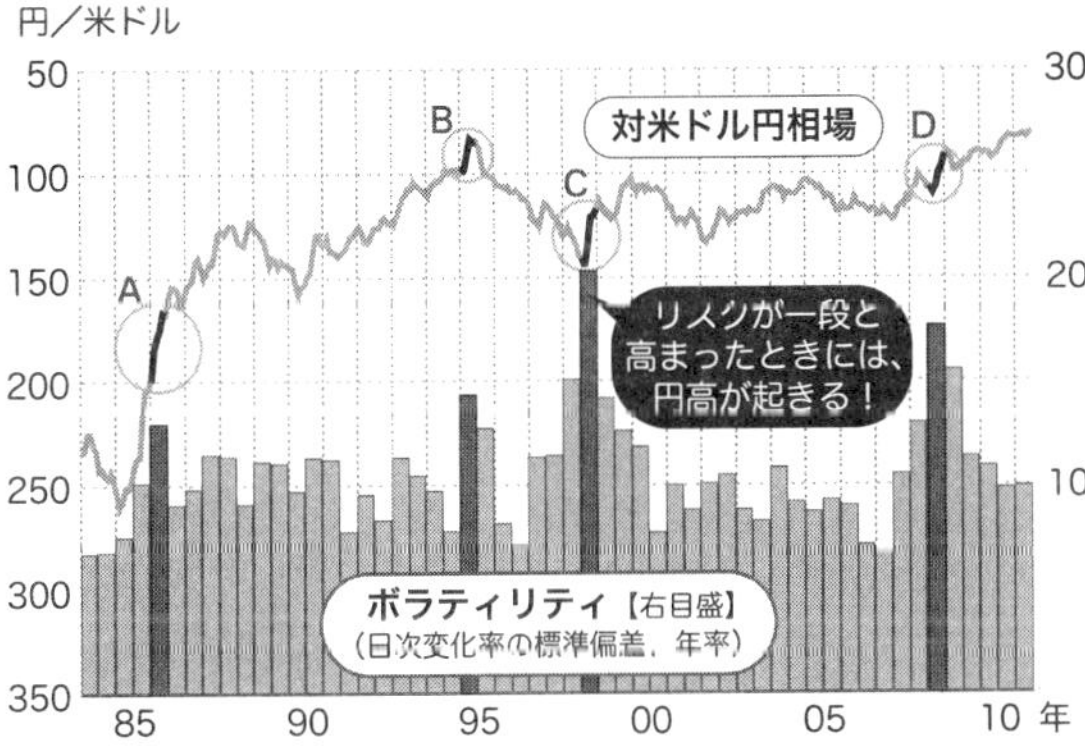

（出所）アメリカ連邦準備制度ホームページ、ボラティリティは筆者が計算

――財豊教授は、iPadで吉本佳生著『日本経済の奇妙な常識』（講談社現代新書、2011年）の電子版をみせた。

財豊　金融市場に大きな影響を与えるショックが起きると、ボラティリティと呼ばれるリスク指標が高まる。

官上　ボラティリティは、株価や円相場などの変化率のバラツキを示す数字ですね。具体的には、たとえば円相場の変化率の標準偏差として計算します。

財豊　さすが、偏差値が高い人は、しっかり説明できるね。

美愛　偏差値が低い私には、標準偏差なんていわれても、理解不能です。

財豊　それが高ければ、円相場の日々の変動が激しくなっていて、これをリスクが高いと考える。対米ドル円相場なら、年率で10%を超えるかどうかが、おおまかな目安だ。

美愛　10%を超えたら、リスクが高くなっているってことですか……。

財豊　図のなかの棒グラフが、半年毎のボラティリティを示している。10%を超えると、相対的にリスクが高い感じで、さらに、前後の期間と比べて、リスクが跳ね上がっている時期として、図にA・B・C・Dと記したところがある。

美愛　たしかに、その4つの時期は、急にリスクが高まっていますね。

財豊　そして、リスクが高まったときに、円相場がどちらの方向に動いたかをみたのが、図のなかの折れ線グラフだ。

美愛　円相場のグラフは、上が円高になっているものと、逆に、上が円安になっているものがあって、まず、それを確認しないと……。上が円高ですね。しかも、リスクが急に高まったA～Dの期間では、すべて、急激な円高が起きています。

財豊　リスクの急上昇とドルの暴落がセットになっているわけだ。

美愛　偶然ではないですよね。ショックがあると、円高になる理由があるんですよね。

財豊　ある。とてもシンプルな理由がね。美愛は、円キャリートレードって言葉を知っているかな？

美愛　聞いたことはありますけど……。

官上　欧米のヘッジファンドなどが、金利が安い円でおカネを借りて、それを米ドルなどに交換して、世界の資産市場で運用していた。

美愛　あ、それが円キャリートレードでしたね。

財豊　リスク上昇が円急騰につながった典型例として、1998年のロシア通貨危機がある。ロシア通貨危機のあと、その年の10月上旬に、たった2日で対米ドル円相場が10円以上の幅で円高に動いた。

官上　瞬間的なすさまじい円高、ドルの大暴落でしたね。

美愛　1年で10円の円高ならともかく、2日で10円は、本当に大暴落ですね。

財豊　円キャリートレードで、日本の金融市場から巨額の円を借りていたヘッジファンドなどが、ロシア通貨危機がきっかけとなったリスクの高まりに対して、一度、投資を中断したからね。

図38　世界一の貸し手の日本と、世界一の借り手のアメリカ

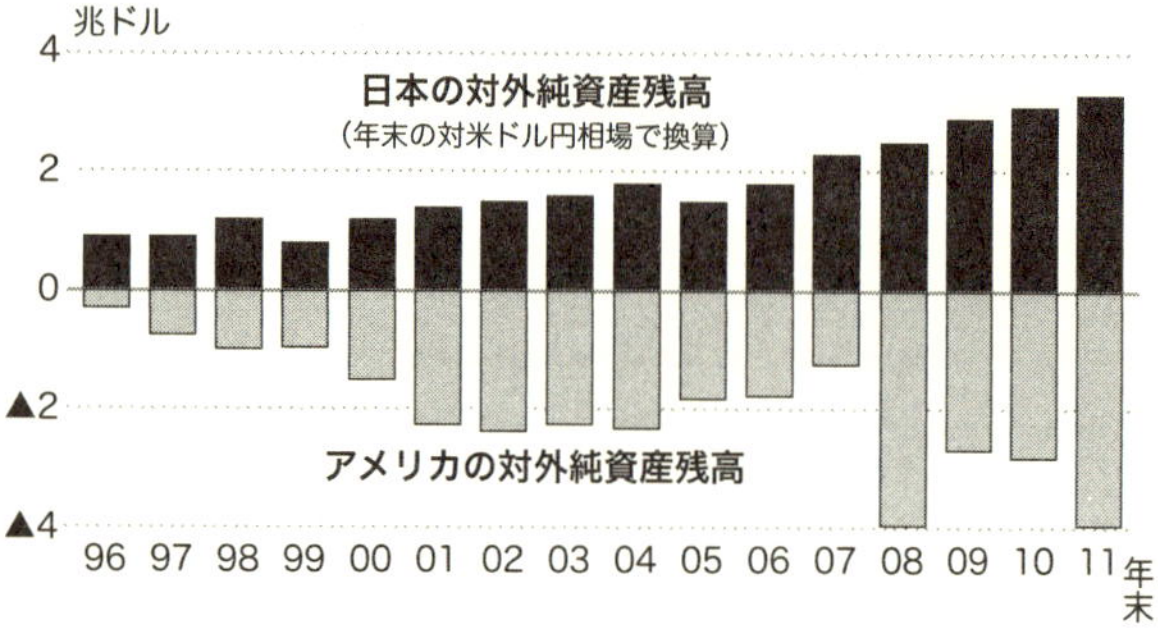

（出所）財務省ホームページ、アメリカ商務省ホームページ

官上　投資をやめるには、資産を売って、そのおカネで借りていた円を返済しないといけないけど、資産を売ったときのおカネは米ドルなどで受け取る。それを円に換えるときに外国為替市場でドルを売って円を買うから、どうしても円高・ドル安になる。

美愛　なるほど、ショックがあると、円高になりやすかった理由がよくわかりました。でも、いまはどうなんですか？

財豊　理由はシンプルだって、最初にいったよね。ショックが起きて、金融機関などが不安を感じたとき、国と国のあいだのカネの流れは、海外からカネを借りている国から、海外にカネを貸している国に動く。一時的に、借り手はカネを返し、貸し手はカネを回収す

るからだ。

美愛　1998年の話は、まさにその典型パターンでしたね。

財豊　10年以上経過して、どうなったか。この図をみれば一目瞭然だ（**図38**）。

美愛　対外純資産残高……ですか？

官上　日本とアメリカが、差し引きで、どれだけのおカネを海外に貸しているか、あるいは借りているか、その残高を示すものだ。プラスの国は貸し手、マイナスの国は借り手。そして、日本は世界一の貸し手、アメリカは世界一の借り手。

美愛　その構造はどんどん大規模になっていますね。

財豊　だから、ショックがあれば、一時的に貸し手の日本にカネが戻るから、たいていは円高・ドル安になる。しかも、たいていは急激な円高・ドル安が起きる。実際の円相場ではいろいろなことがありうるけど……。強烈なダメージを避けたいなら、世界の金融市場でショックがあれば、大幅に円高になりやすく、外貨投資は大損をこうむりやすいと覚悟しておくべきだ。

美愛　日本人にとって、外貨投資は大損につながりやすいってことは、なんとなくわかりました。でも、それは日本に住み続けるからですよね。

官上　美愛ちゃんは、将来、海外に移住したいの?

美愛　まだわかりません。でも、インドネシアとかマレーシアとか、けっこう好きなんですけど。

財豊　美愛が知りたいのは、いまから新興国の通貨で運用しておくっていう資産運用のことかな?

美愛　そうです。その新興国の通貨が、もし、円に対して下落しても、移住してその国で使うなら関係ないって、週刊誌にアドバイスが出ていました。

官上　新興国への海外移住にはトラブルも多く、詐欺的な話もあったりするのに、そんなデタラメなアドバイスを載せる週刊誌は、ちょっと許せませんね。

財豊　日本ではまともな金融教育を受けられないことが、根本的な問題だよ。何年か前まで、メガバンクでさえ、円高になって外貨投資で大損したようにみえても、海外旅行で使ってしまえば、損ではないって、金融機関失格といえるアドバイスをしていたし。

美愛　そのアドバイスぐらいで、金融機関失格とまでいうのは、厳しすぎませんか。

財豊　いや、あまりに基本的なことだから、失格というしかない。同じ理屈を、不動産投資に当てはめてみればわかる。

美愛　えーと、投資目的でどこかの土地を買ったあと、地価が暴落したとして……。

官上　もともと、資産運用のつもりで、値上がりしたら売って儲けるつもりでやったのに、地価が暴落したら、そこをとりあえず駐車場にして、損はしていないって強弁したら、美愛ちゃんはどう思う？

美愛　それは、単なる損失の隠蔽《いんぺい》でしょ。……あ、さっきの外貨投資と海外旅行の話も、もともしが資産運用としての外貨投資なら、やっぱり損失のごまかしですね。

財豊　つまり、そういうアドバイスをしていたメガバンクは、顧客に対して、資産運用で損をしても、隠蔽すればいいと教え込んでいたわけだ。

美愛　それは、銀行としては失格ですね。金融庁はなんで処分しないんですか？

官上　いや、他の省庁のことは……。

財豊　きちんと処分をすると、日本からほとんどの銀行が消えてしまうからだよ。

美愛　……官上さん、日本は金融無法国家ってことですか？

官上　……いくら質問されても、ノーコメントです。

財豊　話を戻すと、将来移住する予定の新興国の通貨で運用するって話も、同じ問題をもつ。しかも、その新興国で経済危機などが起き、社会不安も起きて、為替レートが暴落したとする。そんなときでも、移住するの？

美愛　それで移住しなかったら、投資失敗のダメージは大きいですね。でも、初《しょ》志貫徹《しかんてつ》で移住したら？　あるいは、もう移住していたら？　それなりに暮らせますよね。

財豊　でもね、ほとんどの金融資産をその国の通貨でもっていたら、日本にはもう戻れないかもしれないよ。日本に戻ったとたんに、資産が大幅に減った状況になるから。

美愛　そうですね。

官上　将来の移住を前提に、大部分の金融資産を新興国の通貨で運用するなんて、確実に日本を捨てるつもりでなければ、やってはいけない資産運用といえる。

美愛　そこまでひどいのかなぁ……？

財豊　新興国の通貨はリスクが高く、強烈な暴落も起きうる。先進国通貨での外貨投資とは、まったくちがう。下手をすると、老後に備えておカネを貯めてきた人の人生を、メチャクチャにしてしまうかもしれない、悪質なアドバイスだからね。

美愛　もうひとつ、外貨投資について質問していいですか。

官上　そろそろ帰る時間だから、本当にあとひとつだけだよ。

美愛　中国の人民元での投資なら、必ず儲かるって、近所のおばさんが私の母にいつも話していて、一緒に人民元預金をしようって誘いにくるんですけど。

官上　経済・金融の知識なんてほとんどないのに、人民元なら必ず儲かるって、強く信じている中年女性って、なぜかたくさんいますよね。

財豊　まさに、銀行にとってはカモの大群だね。

美愛　カモですか？

財豊　だって手数料が高いうえに、円預金よりずっと利ザヤも稼げる人民元預金に預けてもらえる。それだけでもカモだけど、人民元預金を始めた顧客には、他の外貨預金や株式投資信託なども売りやすくなる。

官上　本当に、いいカモですね。

財豊　肝心なのは、人民元の為替レートが高くなるという予想の確実性だけど……。

美愛　いまの人民元が安すぎて、でも、それは中国政府が安く抑えているからですよね。アメリカが人民元高を強く望み、中国が少しずつ譲歩しているから、人民元高はほぼ確実に起きるのでは？

財豊　たぶんその通りだと、私も思うよ。でも、いまの美愛の話は、人民元と米ドルとの為替レートについてでしょ。

美愛　たしかにその通りですね。

財豊　若い美愛は知らないだろうけど、アメリカ政府がどこかの国に対して為替レートが安すぎるとクレームをつけ、もっと為替レートを高くしろって要求するのは、かつては、日本に対してずっとやっていたこと。

官上　ときどき、すごく強烈でしたよね。

美愛　なるほど。

財豊　アメリカの本音は、中国の人民元だけでなく、日本の円も一緒に、もっと米ドルに対して高くなってほしいというものだ。そうだよね、官上君。

官上　もちろんです。そのあたりはまったく変わっていません。日米の２国間の貿易不均衡をみると、２０１１年でも、日本が貿易黒字、アメリカが貿易赤字という構造は変わっていませんから。ただ、日本経済が悪すぎるから、しばらくは遠慮してくれただけです。

財豊　それで、もし、アメリカが自国の貿易赤字是正を大義名分として、日本と中国に同時に、為替レートを高くしろと圧力をかけたとする。そのとき、米ドルに対して、より大幅に高くなるのは、円と人民元のどちらだと思う？

美愛　……むずかしい質問ですね。官上さん、ヒントをください。

官上　日本と中国が、アメリカの圧力にどこまで抵抗力があるかを考えてごらん。

財豊　おいおい、ヒントがやさしすぎるよ。

美愛　ありがとうございます。わかりましたよ。中国は少ししか譲歩しない姿勢を貫きやすいけど、日本は大幅に譲歩するしかない可能性が強いってことですね。

官上　必ずそうなるとはいえないけど……。

財豊　アメリカとの駆け引きの能力で、中国に軍配が上がるだけじゃない。さらに、実際に中国政府は外国為替市場をコントロールできるけど、円相場を決める外国為替市場への影響力は、日本政府よりもアメリカ政府のほうがずっと強い。

美愛　なるほど。

財豊　あくまで、こういったシナリオもあるというだけで、人民元より円のほうが上がると決めつけたいわけじゃない。そもそも、日本以外の国の投資家にとっては、人民元投資は儲かる確率が高いと思う。それでも、投資に絶対確実はないよ。

美愛　日本人にとっては、対米ドルでなく対円での人民元相場が重要で、人民元も、円に対してだけは安くなる可能性が十分にあるから、人民元投資が儲かるとはいい切れないようですね。

官上　教授ご指摘のシナリオは、十分に実現する可能性があります。実際に、私の妻も友人に誘われて、人民元預金をしようとしていたのですが、説得して断念させました。

美愛　よく説得できたわね。あれ、もしかして教授にアドバイスしてもらったとか？

官上　……。

美愛　なーんだ。官ちゃんも、教授に下世話な相談をしてたんじゃないの！

日本人にとって外貨投資はリスクが高い

たとえ、かつては円高トレンドが強かったとしても、外貨投資は魅力的だと考える理由は、たしかに存在します。ただ、誰にでも適用できる話ではないとか、前提としている論理が弱すぎるといった問題があります。そのあたりもふくめて、外貨投資のリスクを理解すべきです。

外貨投資について、ポジティブな話もしておきましょう。第1に、外貨投資は、高金利を得やすいといえます。

第2に、市場リスクの高さを示す「ボラティリティ」と呼ばれる指標をみると、株式投資よりも外貨投資のほうが、ずっとリスクが低いとわかります。たいていの個別銘柄の株価よりも、少しは分散投資効果がある日経平均株価のボラティリティ（市場リスク）のほうが低いのですが、対先進国通貨の円相場のボラティリティは、日経平均株価のボラティリティよりも格段に低いからです。

このあたりのリスクの計算が、投資の前にどれほど必要なことか、あるいは、必要がないことなのかについては、次章で述べます。とりあえず、過去の対米ドル円相場のボラティリティ（おおむね年10％ほど）が、日経平均株価のボラティリティ（おおむね年20～25％ほど）の約半分だったことは、ぜひ知っておくべきです。米ドル建ての資産に投資するときの為替リスクは、株価変動のリスクよりもずっと低いのです。

こうして、第1の高金利と、第2の為替リスクの相対的な低さを考えると、外貨投資そのものはたしかに魅力的な部分があります。危険なのはあくまで「長期での外貨投資」なのだと、筆者は考えます。

その理由の基本的な部分は、株式投資についてもいえることで、資産運用全体について、運用を長期で固定化することがダメだという話になります。この点は、次章でまとめて論じます。

第3に、「世界中の資産で運用するほうがリスクを下げられる」というアドバイスがあります。これは、当てはまる人と当てはまらない人がはっきりと分かれます。あなたが、世界のどこでも十分な賃金が得られるだけの仕事ができるなら、このアドバイスが当てはまります。外貨投資は、あなたのリスクを下げるでしょう。

しかし、日本国内でないと、まともな仕事は得られないとか、いまの仕事をもし失ったら、もう十分な賃金が得られる仕事はできそうにないという人は、外貨投資は自分が負うリスクを高めると考えるべきです。というわけで、たいていの日本人にとって、外貨投資はリスクを高めるものだといえます。

金融の専門家のなかで、リスク管理の観点から、誰にでもある程度の外貨投資をすすめる人は、つぎの2つのどちらかだと思われます。善意でそのアドバイスをしている人は、ふつうの日本人が本気でがんばれば、海外でも仕事が得られるはずだと信じていて、だから、外貨投資はリスクを下げると考えているのでしょう。

他方、消費者寄りのふりをしながら、じつは金融機関寄りという人たちが、とにかく金融機関が儲けやすい論理で投資家にアドバイスをして、セミナー講師やらなんやらの仕事をもらおうとします。いちばん簡単なやり方のひとつが、外貨投資をすすめることです。金融機関にとって、為替手数料など、外貨投資絡みの手数料や利ザヤは、収益率が高いからです。

図6　長期の「ドル安・円高」トレンドは揺るがず

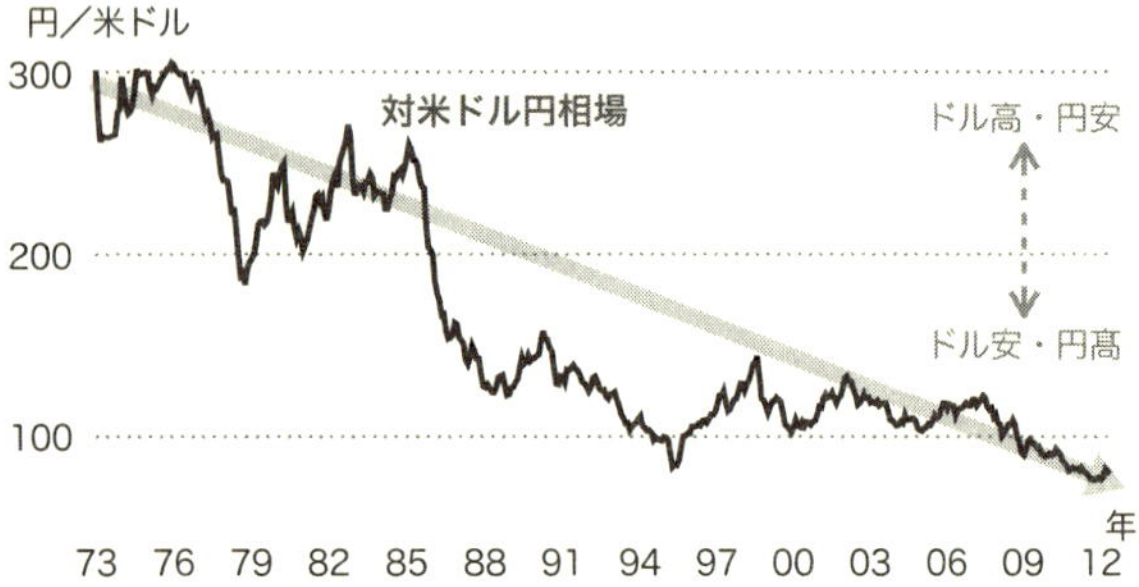

それでも長期の円安予想に賭けたいですか？

外貨投資をしたくなったら、まずみるべきものとして、31ページの図6があります（再掲します）。とにかく、変動相場制移行後の対米ドル円相場は、強い円高トレンドをもってきたことを認識すべきです。そして、どうしてそうだったのかをきちんと理解し、その円高トレンドがいまは劇的に変化して、円安トレンドに切り替わったはずだと確信できるだけの理由が、本当にあるのかどうか、熟慮すべきです。

確実に円安トレンドになると信じ、その予想が外れたときには、いさぎよく大損を受け入れるという覚悟があるなら、長期の外貨投資をしてもいいでしょう。でも、円安トレンドになったという自説に自信がもてないとか、自信はあるものの、もし予想が外れて大損したら、きっと悔やみそうだという人は、長期の外貨投資はハイリスクだと十分に覚悟するべきです。

たとえば、10年以上も前から「今後は大幅に円安になる」と予想し続けている人がいます。でも、そういう人たちは、一度、過去10年間についての予想が外れたことについて、まず検証してみるべきでしょう。なぜ、円高トレンドが円安トレンドに変化しなかったのか、と。

10年前の長期円安予想が外れた人が、「いや、やっぱり円安になるはずだ」と叫び続けるのは、自由にそうすればいいことです。しかし、仮に円安トレンドに変わる理由があるとしても、その時期が10年前だと予想したのが外れたのです。また、あと10年は円安トレンドに変わらない可能性は、きっと十分にあるはずです。

為替予想は本当にむずかしいので、「円安予想が絶対にまちがっている」などと決めつけるつもりはありません。でも「円安予想が絶対に正しい」と確信するのは、とても危ないといいたいのです。

これからの資産運用で大切なのは、なによりもリスク管理です。そして、長年のデータが示すリスクを無視するのは、本当に愚かなことです。「10年前や20年前とは状況がまったくちがう」などと、安易に考えてはいけません。

たとえば、リーマンショックで巨額損失をこうむった金融機関や機関投資家は、みんな、過去の長期データが示していたリスクを無視したことで、リスク管理に失敗したのです。

筆者は、インフレ率と預金金利の関係では、石油ショック時の日本の例は参考にならないと述べました（112ページ）。これは、当時は規制金利、いまは自由金利という明確なちがいがあるうえに、アメリカなどの海外の事例も調べているからできた主張です。よほど明確な根拠がない限り、過去のデータを安易に無視してはダメです。

なお、短期の外貨投資はそれなりに魅力的だと、筆者は認めています（手数料が安いことが大前提になります）。しかし、競馬などのギャンブルが特定の人には魅力的だと認めるのと、同じ程度の感覚です。

他人に、FXなどでの外貨投資をすすめる気にはなれません。円相場についてのギャンブルが原因で、経営破綻した（あるいは経営危機に陥った）企業の実例をたくさん知っているからです。財務担当者がいる企業がやっても、外貨投資は失敗しやすいものだといえます。

第6章　「暴落しそうで不安だ」と思う資産のほうが安全？

なぜ「いずれ値上がりする」と思う資産への投資が危険なのか

本章でまず強調したいことは、つぎの2つです。そのうえで、これからの資産運用に求められる「投資の考え方」について説明します。

①資産運用で大損をするのは、「いずれ確実に値上がりする」と思う資産に投資するからだ。

②「すぐにでも暴落しそうで不安だ」と思う資産に投資するほうが、相対的にずっと安全だ。

なぜこんな話をするのかを説明する前に、そもそも、積極的にリスクを負う資産運用で大きく儲けるチャンスがあるかどうか、考えてみましょう。長期・分散投資がダメになったことで、もし、構造的に株式投資などが儲からなくなったのなら、安全な資産運用に徹するべきかもしれません。

しかし、主要先進国の金融政策をみると、日本もアメリカもヨーロッパも、大規模な金融緩和を基調とした政策をおこなっています。そのなかで、相対的に少し引締《ひきしめ》方向に変化させたり、緩和方向に変化させたりしていて、ときに引締をしているようにみえても、あくまで基調は、経済活動に必要な通貨量を大きく上回るマネーを、たっぷりと供給する政策を維持しています。

近年の世界経済では、こうして増えすぎたマネーは、モノの物価を上げるのではなく、資産価格を引き上げます。この点を理解しておくことは大切です。

実際に、2012年9月にはアメリカの中央銀行であるFRBが、追加（第3弾）の量的金融緩和政策（QE3）の実施を決めましたが、その中心は、住宅ローン担保債券をFRBが大量に買うというものでした。これは、住宅という資産の価格を上げる要因となる政策です。

そうしたこともあって、いまや、インフレ要因はモノの価格より、資産の価格に向かいやすいのです。だからこそ、何年も前から、いろいろな学者や評論家が「来年から日本でハイパーインフレが起きる」と予言してきたのに、まったくその予兆すら感じられず、予言が外れまくってきたわけです。

いずれにしても、日米欧の景気が全体として悪いことが、中央銀行による過剰なマネーの供給につながり、それがなんらかの資産の市場に流れ込むことで、世界のどこかでなんらかの資産のバブルが起きる構造になっています。

この、どこかでバブルが起きやすい状況は、しばらく継続しそうな感じです。したがって、バブルに乗って資産運用で大きく儲けるチャンスは、これからもときどき出現すると思われます。

国全体が沸き立つようなバブルは、たいていが日本以外の国で起きるように思えます。ただ、不況が続いていた１９９９～２０００年に起きたＩＴバブルのように、狭い範囲のバブルは日本国内でも起きうると思われます。

また、なんらかのバブルが起きて、海外からおカネが流れ込むような国では、短期的に、為替レートも下がりにくくなります。海外のバブルであっても、日本の投資家も十分に手を出せるかもしれません。とにかく、これだけの金融緩和がおこなわれているのですから、大儲けのチャンスとなるバブルは、ときどきどこかで起きそうです。

リスクを負う資産運用で儲けるチャンスはあるでしょう。ただし、バブルの崩壊に巻き込まれると、一発で、回復不能な損失をこうむるかもしれません。バブルなど起きていなかった金融市場でも、他のバブル崩壊に巻き込まれて、連鎖的に暴落する危険性がありま す。

バブルが発生しやすい経済状況は、暴落が起きやすい経済状況でもあります。くどいようですが、いかに「大規模な暴落から逃げるか?」が、いまの資産運用では、いちばん大切なポイントになります。

あとでデータを示して解説しますが、たとえば、リーマンショックによって投資元本の半分以上を失ったという投資家は、たいてい、リーマンショックの直後に逃げていれば、損失を小さくできたはずです。しばらく逃げずにいたために、損失を大幅に増やしてしまったのでした。

なんらかのショックがあっても、影響は一時的だと信じ、いつかは確実に上がる資産に投資しているのだから、投資を続ければいいと思い込んだために、回復不能な損失をこうむったのです。本書冒頭で、「いずれ確実に値上がりする」と思う資産に投資するから大損する、と述べたのは、心理的に暴落から逃げにくいからです。

大規模な金融ショックのあとの資産価格の動きを、あとからふり返ってみると、ショックによる最初の下落は、意外に小さいもの（小規模な暴落）であったりします。そして、ある程度の小康状態のあし、大規模な暴落がやってくるパターンが多いのです。152ページで紹介した、東日本大震災から約1週間後の円相場変動（円に対する米ドル急落）も、そのパターーンの事例だといえます。

リスク管理としては、この、少し遅れてやって来る本格的な暴落から、いかに逃げるかがポイントです。本書冒頭で、「すぐにでも暴落しそうで不安だ」と思う資産に投資するほうがずっと安全だ、と述べたのは、そう思っていれば、本格的な暴落の前に損切りをして逃げられるからです。

ショックのあとの大暴落からは、十分に逃げられる？

財豊　先日会った大手企業の社長が、うちもリーマンショックのおかげで大損しましたっていってたんだが。

美愛　そういう会社は多いんでしょうね。

財豊　２００８年後半に大損した投資家も、大損させた金融機関も、なんでもリーマンショックを言い訳にすることが多いけど、本当はウソなんだ。

官上　どういう根拠で……？

財豊　この図をみてもらうのが、いちばんわかりやすいかな（**図39**）。以前話題にした１９９８年のロシア通貨危機と、その10年後の２００８年に起きたリーマンショックが、円相場にどう影響したかを、対米ドルと対豪ドルでみている。

美愛　やっぱり米ドル・豪ドルは暴落していますね。１９９８年は米ドルのほうが大幅に、２００８年には豪ドルのほうが大幅に、暴落しています。

図39　為替レートの暴落から逃げる時間は、十分にあった

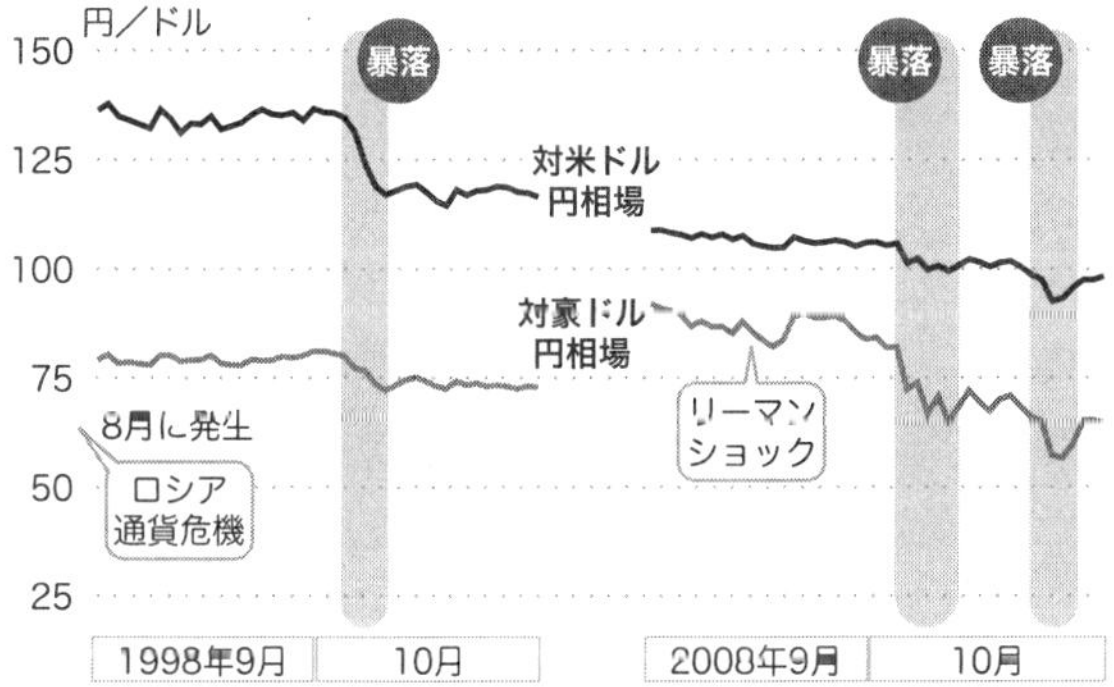

財豊　大切なのは、どちらの暴落も10月に起きているってこと。

官上　よく覚えていないのですが、暴落は10月でしたか。でも、ロシア政府が海外からの借金について一時的に返済しないことを宣言したことによるロシア通貨危機は8月17日に、リーマンショックは9月15日に起きたはず。

財豊　その記憶は正しいよ。だから、ショックを受けての大規模な暴落は、しばらく経ってから起きたってことになる。

美愛　なるほど、ショックのあとですぐに投資をやめていれば、大暴落から逃げることができた。それなのに、ロシア政府の宣言やリーマンブラザーズの経営破綻を甘く

図40　株価の暴落から逃げる時間も、十分にあった

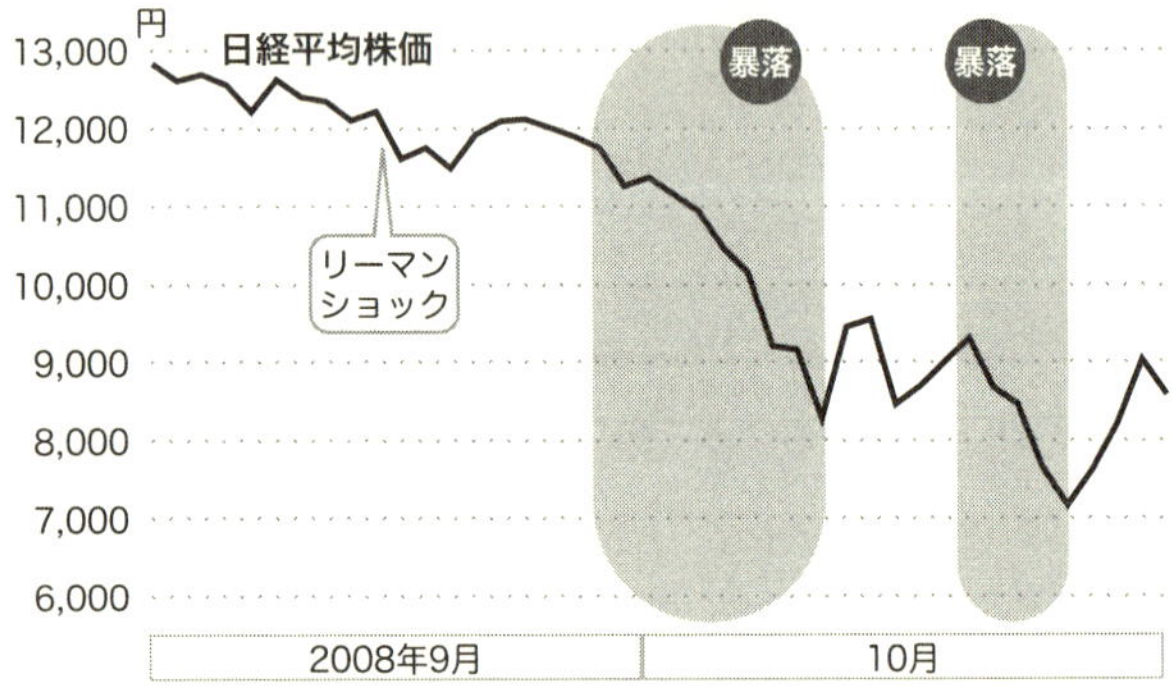

みて、株式市場などから逃げなかったから、結果として大損したってことですね。

官上　だから、大損のすべてをリーマンショックのせいにする説明は、ウソだとおっしゃったわけですね。

財豊　もうひとつ、日経平均株価のグラフもみてみよう（**図40**）。リーマンショックの直後に相対的に小規模な暴落があった。でも、大規模な暴落は2週間ほどあとから起きている。しかも、ずるずると……。

美愛　本当ですね。すぐに売って逃げたら、さほど損をせずに済んだんですね。

財豊　コモディティ投資も同じ。こちらの図は、日経平均株価と国際的なコモディティ価格の指数について、前月と比べた変化

図28　ショックによる暴落時には、強烈に連動

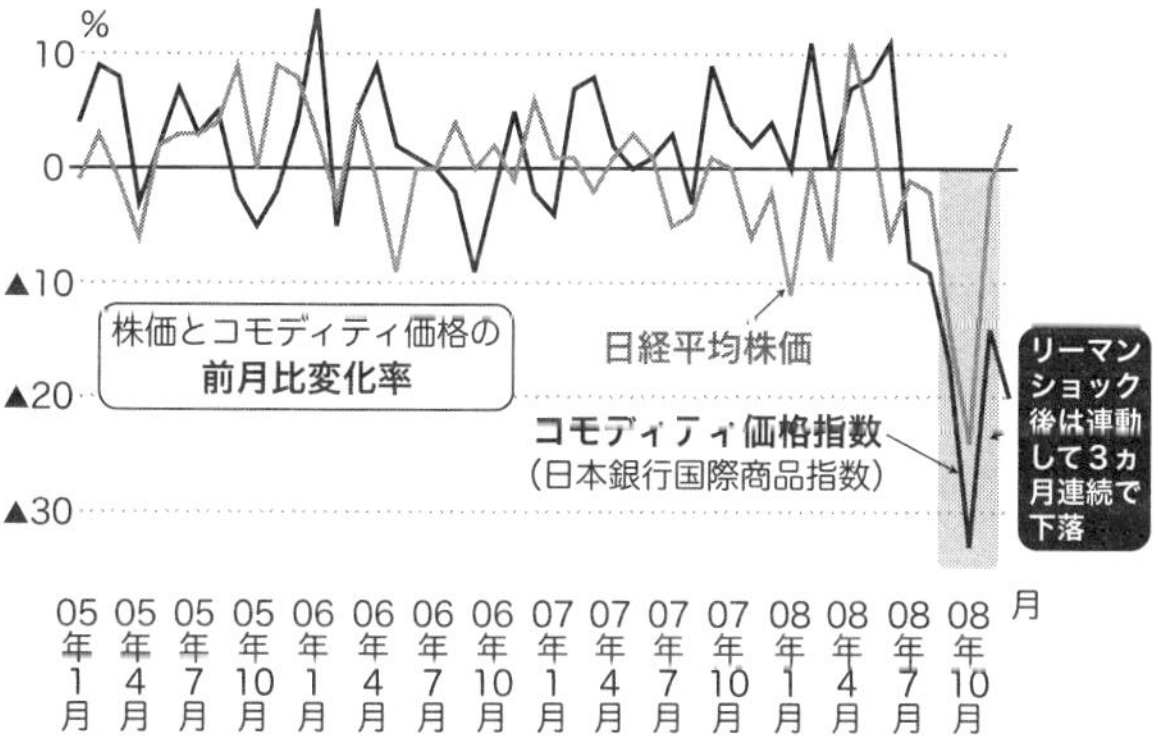

（出所）日本銀行国際商品指数：日本銀行ホームページ

率をみている（図28）。リーマンショックがあった2008年9月にも、大幅な下落が起きている。でも、翌10月の下落率のほうがずっと大きい。

美愛　コモディティも、9月のリーマンショック直後に売っていれば、10〜11月の大規模な暴落からは逃げられたってことですね。

官上　自分では投資をしていないから、気がつきませんでした。

美愛　官上さんはどんな運用をしているの？

官上　最近は、個人向け国債の購入を増やしていますけど、あとはネット専業銀行の定期預金と、給料振込口座があるメガバンクの普通預金です。
財豊　変動金利型の個人向け国債は、ちょっと有利すぎるほどの商品だからね。
美愛　でも、おもしろくない感じね。
財豊　以前、堅実な資産運用方法も教えろって、いってなかったか？
美愛　もしかして、教授おすすめの堅実な資産運用って……。
財豊　そう。変動金利型の個人向け国債と、ネット専業銀行の預金。
美愛　覚えておきます。でも、もっとおもしろいのがいいな。
官上　教授が美愛ちゃんをみる目は、たしかでしたね。
美愛　そんなことより、ショックと大暴落のあいだに、逃げるだけの時間が十分にある理由を教えてください。
官上　そんなことよりって、私に余計な質問をしたのは、美愛ちゃんでしたよ。
財豊　まあまあ。そんなことより、質問に答えよう。第1に、さっきの日経平均株価のグラフ（**図40**）をもう一度みよう。すごい暴落だろ……。
官上　はい、そう思います。
財豊　この10月後半のほうの暴落は、そのあと11月上旬にかけて急速に回復している。いきすぎた部分が大きかったように思える。でも、そんな現象は、ショックの直後にみんながパニックになって起きたのなら、わかりやすいけど……。

美愛　それなのに、タイミングがずれて大暴落って、たしかに納得しにくいですね。

財豊　じつは、金融機関や機関投資家――ヘッジファンドなどのリスク管理がカギになっている。

官上　ロシア通貨危機のしばらくあと、対米ドル円相場が2日で10円以上も円高になったのは、たしかに、ヘッジファンドなどがリスク管理のために、円キャリートレードで借りていたカネを一気に返済したからでした。リーマンショックでも、同じようなことが起きたということですか？

財豊　そもそも、金融機関や機関投資家は、長くてもせいぜい過去1年間とか半年間ぐらいまでの株価や円相場などの変動をチェックして、そのボラティリティからリスクを把握する。

美愛　1年とか半年って期間は、長いんですか、短いんですか？

官上　長いといわれれば、金融市場は最新の情報に反応して動く感じですから、

1年は長すぎる気がします。でも、短期的には、変動がいきすぎることを考えると、短すぎる気もして……。

財豊　結果として、1年間でも短すぎると、私は思う。相場がちょっと安定すると、過去1年でみたボラティリティはすごく下がる。そして、低いボラティリティが数年続くと、構造的にリスクが下がったように思い込むのが、金融機関などの金融市場参加者の悪いところだ。

官上　金融市場参加者は、本当に、短い過去しか覚えていませんよね。

財豊　金融機関などが認識しているリスクが、短期的に低くなりすぎているとしても、彼らはそれを前提にリスク管理をする。だから、ショックで小さな規模の暴落があっても、それ以上の大規模な暴落などないと考えて対応する。

官上　その時点では、過去の暴落はすべて忘れたリスク管理になっているからですね。

美愛　だから、ショックの直後は、そこまで暴落が続かないってことですね。

財豊　いつも成り立つ論理じゃないけど、そうなることが多い。

官上　過去のボラティリティを短すぎる期間で計算して、リスクを低く評価しますぎた金融機関や機関投資家などが、その楽観ゆえに、ショックの直後にあわてて売ることをせずに、暴落がひどくなるのを防ぐわけですね。

財豊　その通り。ところが、ショックがあったわけだから、ボラティリティは徐々に上昇する。……実際には、金融機関などが短すぎる期間でボラティリティを測っているから、そうみえるだけで、もとからそれなりに長い年数の変動からボラティリティを測っていれば、ボラティリティは急に上がらない。

官上　しかし、短すぎる期間でボラティリティをみると、すごく低かったのに、急に、上がり始めたようにみえる。

財豊　そう。ある程度すると、金融機関などのリスク管理の前提となるボラティリティが、過小評価から過大評価に変わる。そのなかで、運悪く、ちょっと大きめの下落があると、今度は、リスク管理が暴落を警戒する姿勢に変わっているから、あわてて売って逃げようとする。

官上　なるほど。それでさらに下落が続き、さらにボラティリティが上がり、さらに売りがひどくなって、それがさらなる下落につながって……。

美愛　悪循環が続くって話ですね。以前、図解で説明してもらいました（**図17**）。

図17　リスクヘッジが生む暴落の加速

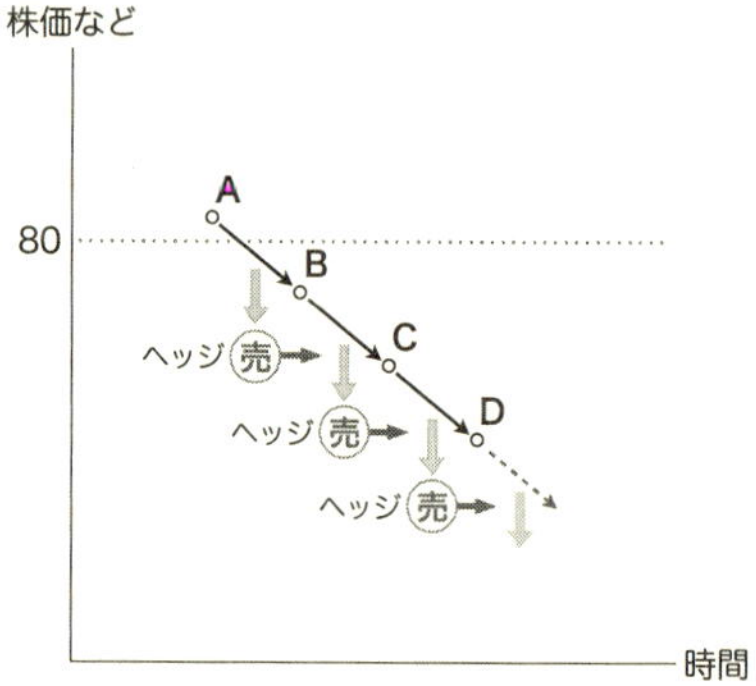

財豊　もともと、金融市場がリスクを過小評価していたからこそ、ショックがあってしばらくすると、リスクの過大評価と大規模な暴落が起きることがある。この図は、対米ドル・対豪ドル円相場と日経平均株価について、各1年間でのボラティリティのおおまかな推移をみたものだ（**図41**）。

官上　ITバブル崩壊後の2001年から05年あるいは06年まで、はっきりと、株価のボラティリティが低下していますね。対米ドルと対豪ドルの円相場は、1998年にロシア通貨危機があったあと、ボラティリティが大幅に低下して年10%未満にまで下がっていた。

美愛　なるほど、わかりました。リスクについての過小評価がひどくなったところに、サブプライムローン問題の発覚とリーマンショックがあったからこそ、反

図41　リスクが低下したあとに起きた、アメリカ金融危機

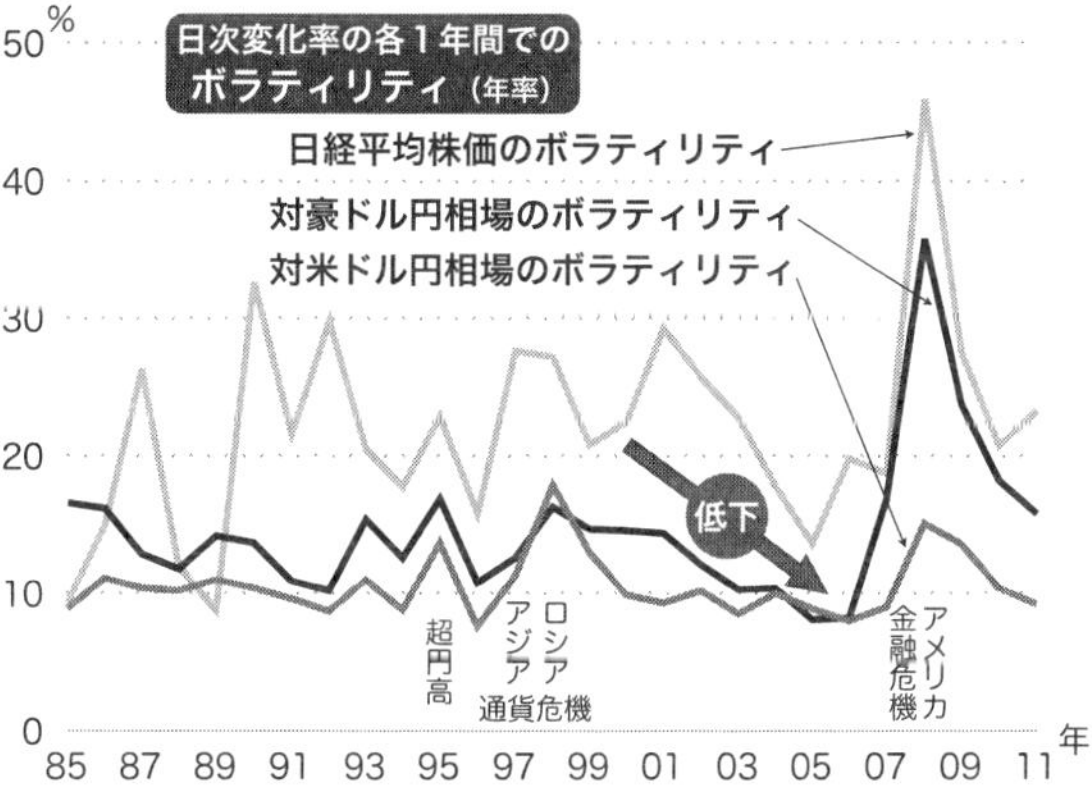

動きつくなって、２００８年にここまでボラティリティが跳ね上がったってことですね。

官上　そのパターンでの大規模な暴落は、いつも起きるのでしょうか？

財豊　いや、起きないときもあるだろうね。リスクを過小評価した金融機関などが、楽観ゆえに暴落を防ぐ効果が十分に働けば、ショックからしばらくあとの暴落は起きないはず。逆に、なんらかのきっかけで、大規模な暴落につながるときもある。

美愛　そうだとしても、ショックがあって、ボラティリティが上がってきたら、さっさと売って逃げたほうがよさ

図42　ボラティリティの暴騰は、ショックの翌月に起きた

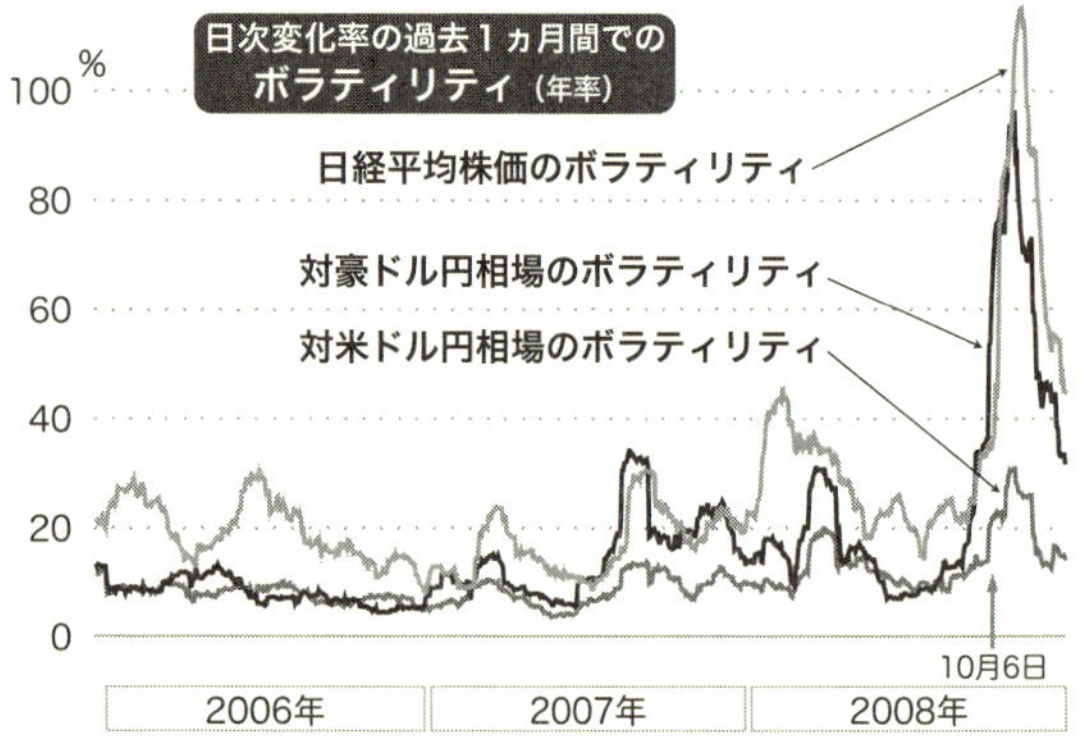

そうですね。

財豊　そうなんだ。みんなが逃げるかどうかを迷っているうちに、さっさと逃げればいい。リーマンショック前後の円相場と日経平均株価のボラティリティを細かく調べたのが、こちらの図だけど、ボラティリティが大きく跳ね上がったのは10月6日だった（**図42**）。

官上　その前、ショックの数日後から10月6日までも、ボラティリティははっきりと上がっていますね。それをみてすぐに売ればよかったということか！

財豊　金融機関のリスク管理がパターン化されていて、短すぎる期間でボラティリティを計算するという構造的な欠点が

あるから、金融機関のリスクへの楽観が、過剰な警戒心に変わる前に、個人投資家は売って逃げるチャンスがあるってこと。

官上　とにかく、ボラティリティをきちんとチェックしていれば、逃げやすい。

美愛　そんな面倒なこと、したくないんですけど……。

官上　日本経済新聞のマーケット総合面には、日経平均ボラティリティ指数というデータが掲載されている。この指数の先物は、2012年から大阪証券取引所で取引されている。また、日本経済新聞社が日経平均株価についてのデータを整理して公開しているWebサイトもあって、ボラティリティのデータも載っている。日経平均株価のボラティリティを調べるのはむずかしくないよ。

財豊　ボラティリティの計算方法にはいろいろとあるし、円相場のボラティリティは、昔は日本経済新聞に載っていたものが掲載されなくなった。そういう意味では、面倒かもしれない。だから、もしボラティリティを調べるのが嫌なら、株価や円相場などの、相場そのものだけはちゃんとチェックして、なんらかのショックである程度下落したら、さっさと売って逃げることだ。……早く逃げすぎることになるかもしれないけど。

官上　相場や、経済ニュースをきちんとチェックすることだけは、忘れちゃダメだよ。

美愛　それは大好きだから、続ける自信はあります。でも、金融機関の人たちはどうして、もっと長い期間のデータを参考にしてリスクをチェックしないんでしょうか？

財豊　その答えは簡単。自分たちだけが長い期間のデータを参考にしちゃうと、目の前の金融ビジネスができなくなる。リスクを過小評価する金融機関にとられちゃうから。それがわかっている金融機関は、みんな、近視眼的なやり方から抜けられない。

官上　完全なジレンマ状態ですね。

美愛　悪いとわかっていても、みんなでやっていることは、やめられないってことか。私たちもよくやるけど、エリート銀行員となると、なおさらよね。

官上　失敗しても、しょせんは他人のカネ。リスク管理の強化は目先の稼ぎを減らすから、他の金融機関と同じようにやったほうがいい。横並びでの失敗なら、言い訳しやすいし。

財豊　それは官僚としての自己反省かな？　どの組織も、エリート意識が強い人たちが運営していると、過去の明らかな失敗ほど修正できない。だから個人投資家は、暴落前に金融機関より早く逃げるチャンスがあるはず。

美愛　変なプライドなんてないほうが、投資で儲けやすいってことね。エリートたちのプライドを逆手にとって、大損のリスクから逃げるって、ちょっとうれしい話ね。

官上　そう思ってやれば、早めの損切りも心理的にやりやすそうだ。

リスクに注目して売買することが不可欠

第2章では、長期投資の危険性を指摘しました。でも、長期投資が絶対にダメだといいたいのではありません。暴落による大損を避けることを、長期投資よりも優先しろということであって、致命的な暴落が起きなければ、長期でひとつの資産を保有し続ければいいと考えます。

図43　リスクとリターンの２つをみるのが基本

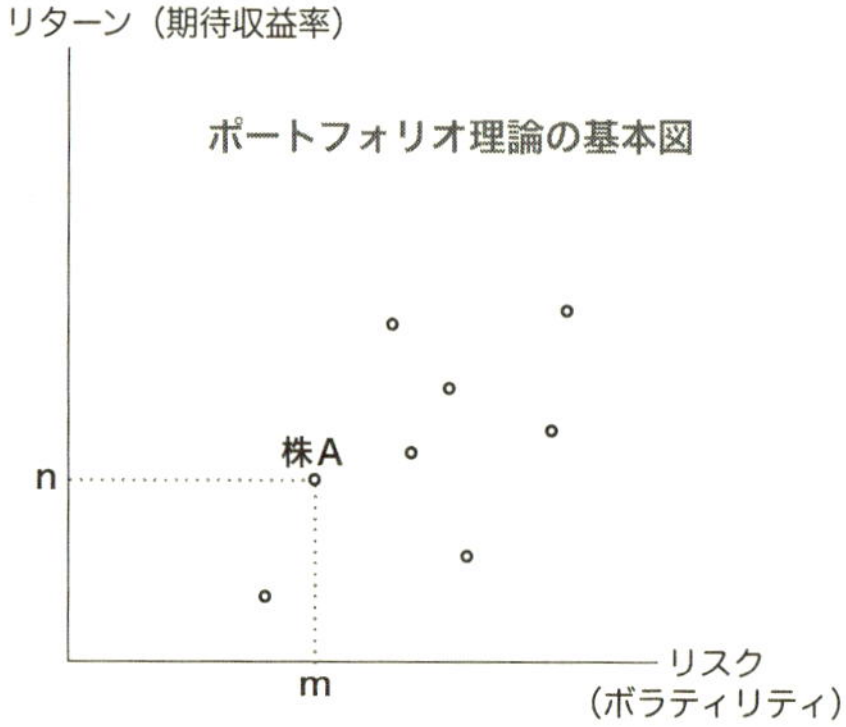

大切なのは、なによりもリスク管理であって、リスク管理のうえで売却すべきタイミングが来なければ、結果として長期投資になってもいいし、長期投資のつもりで銘柄を選んで株式投資を始めてもいいのです。そもそも、長期投資とセットで語られることが多い分散投資は、「ポートフォリオ理論」と呼ばれる考え方に基づいて進歩してきました。

そのポートフォリオ理論は、すべての資産（投資対象）について、それがどの業種の株なのか、どんな経営をしている企業の社債なのかを気にしません。株なのか、不動産なのかさえ、さほど気にしないといっていいでしょう。

ポートフォリオ理論の基本図としてよく出てくるのが、**図43**です。すべての資産を、①期待されるリターン、②リスク（基本的に市場リスクのこと）、③他の資産価格との相関係数、の3つの性質だけでとらえて、まずは①・②に応じて、図のなかの点で示します。たとえば、株Aのリスクがm、リターンがnなら、株Aの性質は図中の点であらわせると考えるのです。

つぎに、資産の組み合わせがどれだけリスクを減らすかを、③の相関係数に基づいて計算して……。これ以降の説明は省きますが、とにかく、ポートフォリオ理論は、資産のリターンとリスクについて把握できれば、投資戦略を考えるのには十分だという姿勢です。それぞれの資産が具体的にどんな企業の株なのか、あるいはどんな土地なのかなどは、よくわからなくてもいいのです。

第3章では、分散投資の効果がかなり薄れていることをデータで示しました。しかし、リスク抑制効果が小さくなった現代だからこそ、リスク管理はより重要になっています。投資先の資産について、なによりもリスクに注目して売買する姿勢は、とても大切なのです。

もっとも、価格変動のリスクにだけ注目するのは、ダメです。ここで、金融リスクの種類を整理した**表2**を再掲しましょう。

市場リスクは、マーケットリスクや価格変動リスクとも呼ばれ、株価や為替レート（円

表2　金融リスクの基本分類

金融リスクの種類		内容
市場リスク	株価	「**マーケットリスク**」「**価格変動リスク**」とも呼ぶ。マーケット（市場）で価格が変動することで、**損失・利益**が生じる（変動する）リスク。
	為替レート	
	金利	
	他	
信用リスク		「**クレジットリスク**」とも呼ぶ。企業などの経営破綻（倒産）によって、**損失**が生じるリスク。
流動性リスク		流動性（取引量）の不足によって、適正な価格で売買できないことで、**損失**が生じるリスク。
リーガルリスク		法律違反によって、**損失**が生じるリスク。
オペレーショナルリスク		取引操作のミスで、**損失**が生じるリスク。
システミックリスク		ショックによる暴落が、他の銘柄や他の市場や他の国に伝わり、暴落の連鎖によって、**大きな損失**が生じるリスク。

相場）や金利（あるいは債券価格）などが市場で変動することで、損失・利益が生じるリスクです。……株価などの上昇による利益は、下落による損失の裏側にあるものなので、市場リスクは、損失と利益の両方を生じさせる可能性があります。

　信用リスクはクレジットリスクとも呼ばれ、企業などの経営破綻（倒産）によって、金利がもらえないとか、借金を返してもらえないとか、株が紙クズになるといったことが起こり、損失が生じるリスクです。株式投資をする場合も、信用リスクは気になりますが、信用リスクがいちばん問題になるのは、社債などの債券への投資です。

　流動性リスクは、市場での流動性（取引量）

が極端に少なくなると、それでも取引したい人は非常に不利な条件で取引するしかなくなり、買い叩かれるとか、ボッタクリ価格で売りつけられるとかして、損失が生じるリスクです。

リーガルリスクは、法律違反によって損失が生じるリスクです。

オペレーショナルリスクは、取引の手続きなどのミスによって、損失が生じるリスクです。リーガルリスクやオペレーショナルリスクが大損につながるケースは、例外的にしか発生しませんが、ときどき起きます。なくなってしまうことはないでしょう。

システミックリスクは、ある企業の倒産や、ある市場の暴落や、ある国の通貨危機といったショックが、他の企業や市場や国などに連鎖して、金融システム全体を不安定にしてしまうことで生じるリスクです。暴落の連鎖によって、大きな損失を生じるリスクといえます。

暴落から逃げることに徹せよ

すべての種類のリスクをきちんと意識して、リスク管理をするべきです。まずは、自分が負ってもいいリスクはどれとどれなのか、決して負うべきでないリスクはどれとどれなのか、よく考えておくべきでしょう。

本書を通じて筆者が強調してきたのは、とにかく「流動性リスク」を避けろという点でした。また、社債投資によって信用リスクを負うことも、避けるべきだと述べました（第4章）。そもそも、市場リスク以外のリスクは、損失だけにつながるリスクで、直接的に利益にもつながりうるリスクは、市場リスクだけです。

できるだけ、市場リスクだけを負うようにするのが理想的です。とはいえ、どの種類のリスクをそれぞれどの程度まで負うかについては、自分で決めておくべきでしょう。

また、価格変動をきちんとチェックすることで、他のリスクが高い運用をある程度まで避けられます。たとえば、信用リスクが急に高まった企業は、株価にそれがあらわれやすいでしょう。そもそも価格変動が毎日チェックできる資産は、毎日売買があるということですから、流動性リスクが低いといえます。

個人にとって注意すべきリーガルリスクは、法律違反を承知で悪徳商法をおこなう人たちにだまされ、本当は安い資産を高く売りつけられる危険性です。これも、新聞などで価格チェックができれば、だまされずに済みます。オペレーショナルリスクによって大損をする典型例は、株価などの入力ミスによる誤発注ですが、毎日株価をチェックしていれば、それも避けやすくなるでしょう。

株価に影響しそうな経済ニュースを毎日みたり読んだりしていれば、システミックリスクによる暴落の連鎖にも、早めに対応できるでしょう。

なお、ポートフォリオ理論で重要となるもうひとつの性質、リターンについては、運用期間に応じた国債の金利を調べて、それを評価基準にするべきです。たとえば、米ドルでの期間5年の運用なら、満期（残存期間）が5年のアメリカ国債の金利を比較基準にしましょう。

そして、期待リターンが国債の金利よりどれだけ高いかと、リスクとのバランスを考えて、投資判断をすべきです。……ここでは、リターンの評価方法について、簡単に説明しましたが、実際には、適切にリターンを推計することはむずかしく、「リスクとリターンのバランスをきちんと把握して、投資をする」なんて、個人にはなかなかできないことです。

結局、個人の資産運用では、リスク管理こそがなにより大切なのだと、筆者は考えます。

そこで、リスク管理に話を戻すと、大きく分けて、2つの方法があります。

第1は、リスクをきちんと計算・把握するという方法です。銀行などがおこなっているリスク管理と同じことをやるのです。

ややこしい話になりますが、たとえば、「3年間の資産運用で、元本の3割以上を失う危険性（確率）を1％以下に抑える」というように、許容できるリスクの上限を設定します。他方で、いまやっている資産運用について、定期的に（できるだけ小まめに）リスクを計算・把握し、許容範囲を超えるリスクになっていないかを、チェックします。

これが正統派のリスク管理ですが、リスクの計算・把握は簡単ではありません。それでもチャレンジしたい人は、拙著『確率・統計でわかる「金融リスク」のからくり』（講談社ブルーバックス、2012年）で解説していますので、参考にしてください。

また、個人が計算・把握できるのは、市場リスクだけです。だからこそ、他の種類のリスクを避ける運用が前提になるのです。

なお、信用リスクは、財務データについて分析することで一定の把握が可能になりますが、問題点をきちんと見抜くには、相当な会計知識が必要になります。また、AAAとかAとかBBBなどの記号で、企業などの借金の安全性を示すものとして、「財務格付」がありますよ。しかし、財務格付は、じつは信用リスクをうまく反映していないといわれています。……だからこそ、社債投資は避けるべきなのです。

正統派のリスク管理なんて面倒すぎると感じる人のほうが、ずっと多数派でしょう。それでも、株価や円相場などのボラティリティぐらいは、ぜひ計算してほしいのですが……。

第2のリスク管理方法は、とにかく「損切り」を徹底して、損失拡大を防ぐやり方です。いちばん大切なのは、暴落から逃げることとです。そして、185ページ以降の図41～43で、リーマンショック後の話として確認したように、暴落のきっかけとなったショックと大規模な暴落とのあいだには、少し時間があったりします。

したがって、適切なやり方で損切りを徹底していた人は、リーマンショックによる損失を小さく抑えられたはずです。投資戦略としてみると、5％下がったら売るというような「自分が決めたルールに基づく損切りの徹底」は、合理的とはいえないところもあります。しかし、具体的な数値でのリスクの把握ができていない投資家がおこなえるリスク管理方法としては、損切りの徹底がいちばん優れた方法です。

できれば、自動的に損切りをするのではなく、ボラティリティを株価などの推移とともにチェックして、そこから損切りのタイミングをみつけるようにすれば、理想的です。

あなたが働かないのにおカネが働いてくれることはない

くどいようですが、たいていの個人投資家は、第1に、市場に流動性が十分にあって、第2に、価格のチェックが容易な資産に限定して、資産運用をおこなうべきです。この2つの条件を満たさないものに投資をすると、リスク管理ができなくなり、大損の危険性が極端に高まるからです。

そして、これからの資産運用に必要な資質は、①投資相手に惚れ込まず、いつでもすぐに切り捨てられるクールさと、②危なそうな資産にも躊躇せずに投資できる勇気、③毎日のように情報をチェックするための継続力です。暴落から実際に逃げられるかどうかは、リスク管理のうえで必要なタイミングでしっかり売却を実行できるかどうかにかかっているからです。

デイトレーダーの感覚で、しかし、多くのデイトレーダーとは逆の投資行動をとれということです。確実に上がりそうだと思った資産は買わず（そう思っていると売り損ないやすいので）、逆に、暴落しそうで恐いと感じる資産を買うほうがいいでしょう（そう感じていると、暴落の兆しがあるときに売る判断をしやすいので）。

買った資産が値下がりして、損失の許容限度に近づいたら、塩漬けにせずにすみやかに売るべきです。逆に、上昇トレンドに乗ったら、いつも暴落の心配をしながら保有し、もし、自分の気持ちとして暴落しないと思うようになったら、売って利益を確定させましょう。暴落への心配が消えてしまうと、本当に暴落したときに逃げ損ないやすいからです。

このように、徹底してリスク管理を考えながら投資を続け、致命傷を避け、いつかバブルに乗って大儲けをするチャンスを狙うのが、いまの世界の金融市場に適した投資だと、筆者は考えます。ずいぶんひねくれた考え方をしているように思われるかもしれません。

しかしそれは、リスクの計算・把握を避けて投資をしようとするからです。長期・分散投資の有効性が薄れた状況で、リスクの計算・把握をせずに、それでも投資で大失敗をしないためには、警戒心を強くもつ必要があるからです。

もし、自分が気に入った銘柄を選んで、その企業を応援しながら株式投資をしたいのなら、リスクをきちんと計算・把握する努力をするべきでしょう。そのほうが、たしかに正統派の投資です。

いずれにしても、株式投資や外貨投資をおこなうのなら、リスクの高まりをきちんと察知するための努力は不可欠です。この努力が嫌な人や、そんな時間などない人は、株式投資や外貨投資などをすべきではありません。

古くからあるタイプの預貯金のかたちで、経営コストが安いぶんだけ高い金利が提示できるネット専業銀行に預けるか、せいぜい、変動金利型の個人向け国債を買うかのどちらかに限定して資産運用をおこない、インフレのリスクにだけ備えればいいのです。

資産運用をして「おカネにも働いてもらう」という表現がありますが、資産運用は必ず、おカネを誰かに渡すところから始まります。働いてもらうなどと考える前に、「ちゃんと戻ってくるのかどうか」を意識すべきです。リスク管理を忘れた資産運用には、大きな落とし穴が待ちかまえています。それを避けるには、結局、リスク管理という手間がかかります。

リスクを負った積極的な資産運用をしたければ、おカネにはリターンを追求して働いてもらう一方で、自分もリスクの管理人として一緒に働く必要があります。いまはそうでなければ危険すぎるという時代になったことを、本書で提示したたくさんのデータで納得していただければと、心から願っています。

「おわりに」のための注釈

このあとの「おわりに」のなかに、特殊なオプション取引（株などを売買する権利を売買する取引）が出てきます。本書では、オプション取引の解説を省いていますので、実際にオプション取引をおこないたい人には、大阪証券取引所のホームページにある解説を読むことをおすすめします。

また、「おわりに」に登場するオプション取引はやや特殊ですから、その解説だけをここでおこないます。単純なオプション取引——権利の売買を、組み合わせることで、多彩なパターンの取引を合成できることが、オプション取引の魅力ですが、その2つの例を示します。

いまの資産価格（株価指数や円相場など）を100円として、「3ヵ月後に価格120円で、その資産を買う権利」を買ったとします。そして、権利の価格として2円を支払う

図A

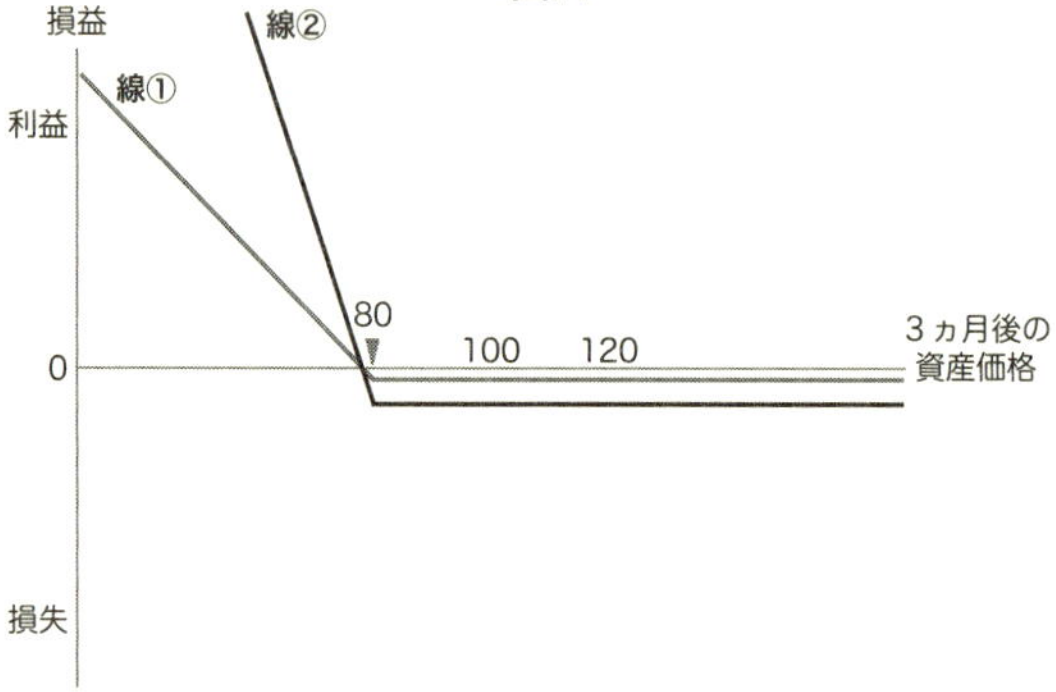

とします。この取引が、3ヵ月後の資産価格に応じてどれだけの損益を生むかを折れ線グラフで示したのが、**図A**のなかの線①です。

資産価格が3ヵ月後に20%超の上昇をすれば、120円より高く売れるのですから、買っておいた権利を行使して120円で資産を買い、そのときの価格で売ればいいでしょう。そのときの価格が120円を超えているぶんだけ、利益があります。ただし、最初に支払った2円を差し引く必要があります。

また、資産価格が120円を超えないときは、権利を行使しても儲かりません。権利は放棄しますから、その点では損益が発生しませんが、最初に支払った2円だけ、損失があります。こうして描いた線①を、損益図とか損益パターンと呼びます。

この取引を3倍の規模でおこなうと、横軸から折れ

図B

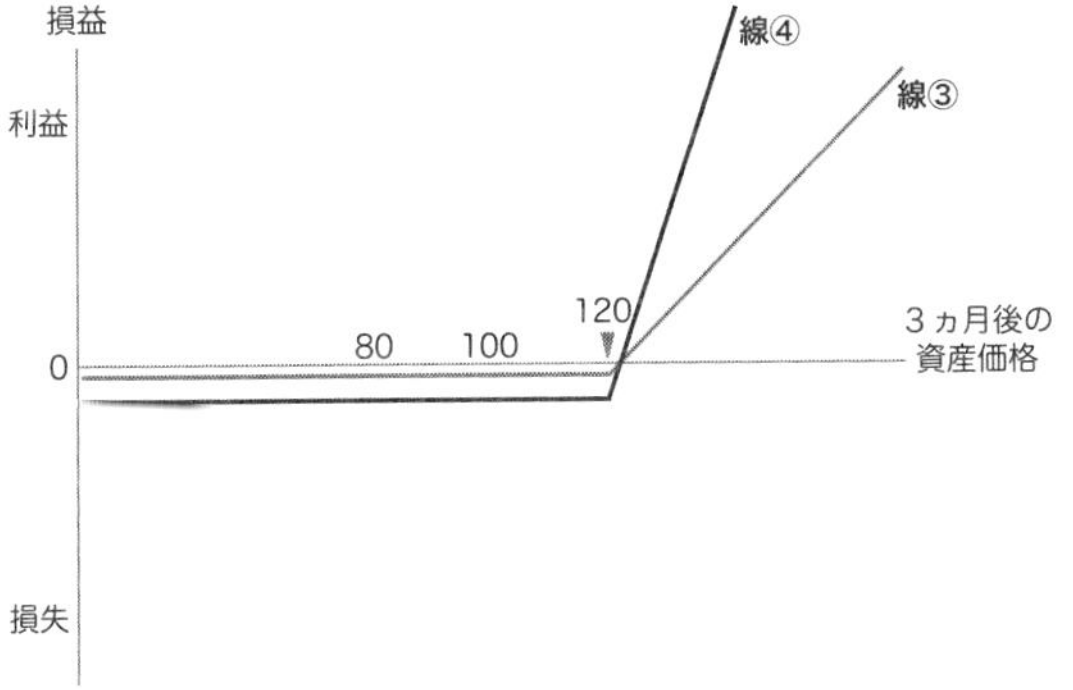

線グラフまでの距離で示される損益がすべて3倍になりますから、線②の損益パターンに変化します。

他方で、「3ヵ月後に価格80円で、その資産を売る権利」を買うと、3ヵ月後の資産価格が80円より安くなればなるほど、権利行使によって利益が増える取引になります。もし価格が60円まで安くなれば、その60円で買って、それを80円で売る権利を行使することで、差の20円が儲かるからです。

ただし、権利を買うときに支払ったのが、たとえば2円なら、2円ぶんだけは確実にマイナスになります。また、80円より安くならないときは、権利を行使しても意味はなく、放棄されますから、単純に2円の損になります。この損益パターンが**図B**のなかの線③で、さらに3倍の規模でおこなったときの損益パターンが、線④です。

図C

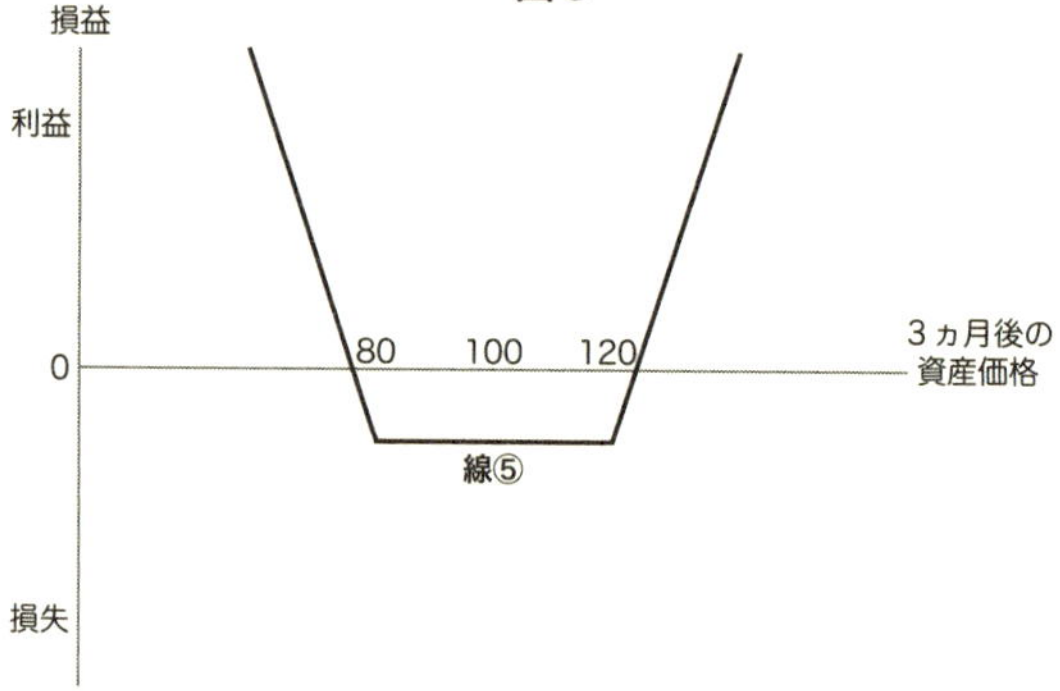

この線④の取引と、図Aの線②の取引を同時におこなうと、**図C**にある線⑤の損益パターンになります。……線②と線④の2つのグラフが示す損益を足したグラフです。

これを「ストラングルの買い」と呼びます（この名称を覚える必要はありません）。資産価格が2割を超える高騰か暴落をしたら、一気に利益が増える取引です。その代わり、資産価格が安定していれば、最初に支払ったおカネは戻ってきません。競馬で穴馬に賭けるとか、宝クジを買うとかに似たギャンブルです。

オプション取引は、自分が儲かれば、取引相手がそのぶんだけ損をして、逆に、取引相手が儲かれば、そのぶんだけ自分が損をするという取引です。そのため、線⑤のストラングルの買いの取引相手は、**図D**にある線⑥のような損益パターンになります。……横軸を中

図D

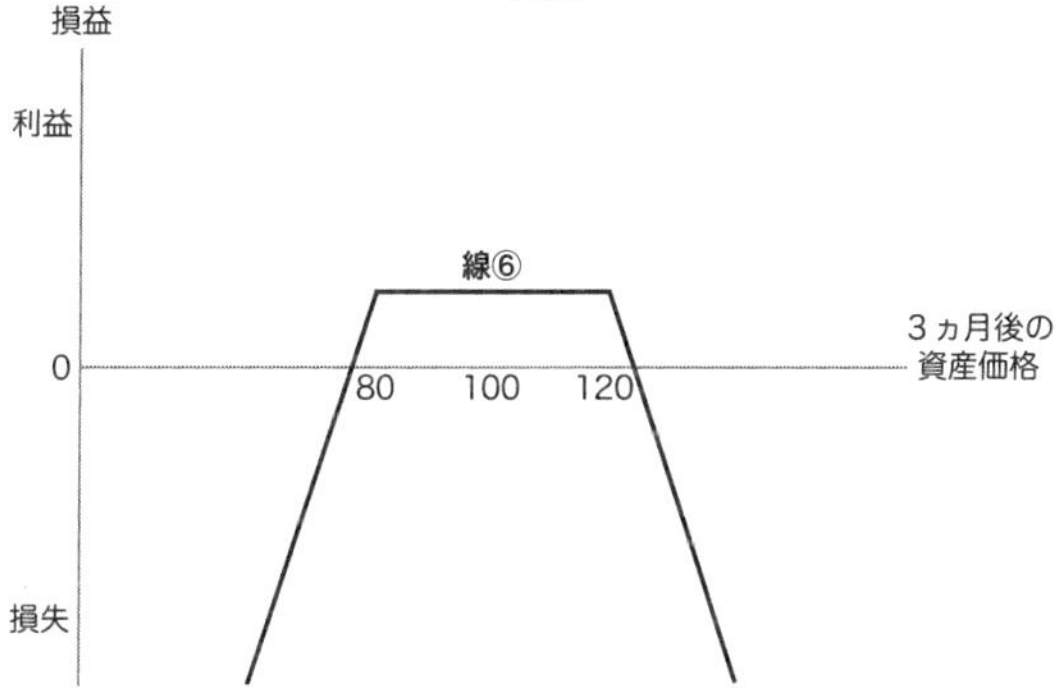

心にして、線⑤の上下をひっくり返したかたちになっています。

資産価格が安定していれば、最初におカネをもらっているぶんだけ儲かりますが、価格が20％を超えて高騰あるいは暴落すると、どんどん損失が膨らむ危険性があります。かなり恐そうな取引ですが、じつは、金融の専門家が好む取引のひとつです。これを「ストラングルの売り」と呼びます。

ただし、筆者としては、ストラングルの売りをすすめたいわけではありません。もうひとつのストラングルの買いを推薦したいのですが、どんなタイミングで買うのがいいかを考えるために、2つのパターンを対比しています。いずれにしても、実際にオプション取引をおこなうときには、よく勉強してから、自己責任でおこなってください。

おわりに——金融機関や機関投資家のスキを突け！

官上　ところで教授、お酒の量を控えるようにいわれたとか……。
財豊　医者からいわれたよ。
美愛　じゃあ、もしかすると、この店に来る回数も減っちゃうの？
財豊　減るというか……、来週からしばらくは禁酒だ。
官上　そうしてください。お体を大切にしていただかないと。
美愛　……。
官上　無理して飲みに来てくれって、いわないところが、美愛ちゃんのアタマがいい証拠だね。
美愛　私の父も、お酒の飲み過ぎで病気になったので、そんなこといえませんよ。でも、教授の講義が聴けるのも、とりあえず今日が最後かと思うと……。
財豊　そんなに残念か？

美愛　そうじゃなくって、今日のうちにひとつだけ教えてもらえるなら、なにを聞こうかと考えて、つい黙っていたんです。

財豊　なーんだ。誰も残念がってくれないから、こっちが残念って話か。でもいいよ。最後のレクチャーだから好きな質問をしてくれ。

官上　これまでも、美愛ちゃんは好き放題に質問していましたけど……。

美愛　最後なら、やっぱりこの質問。いちばん有利な資産運用の方法を教えてください。できれば、ふつうの運用じゃなくって、みんなが知らない特別な奥義みたいなものを、最後に伝授してください。

官上　格闘技アニメの必殺奥義じゃないんだから、そんなのないよ。

財豊　ないね。……でも、ちょっと凝った手法を教えてあげるよ。みんなが知らないってものじゃないけど、ふつうの人はやらない。失敗すると本当に危険だからね。

美愛　話を聞くだけなら、決して損はしませんから、ぜひ教えてください。

財豊　この図にあるような取引をすると、かなり高い確率で儲かる（**図44**）。

官上　これって、オプション取引のストラングルの売りですね。失敗したら大損

図44　暴落・高騰の心配があるときにこそ、有利？

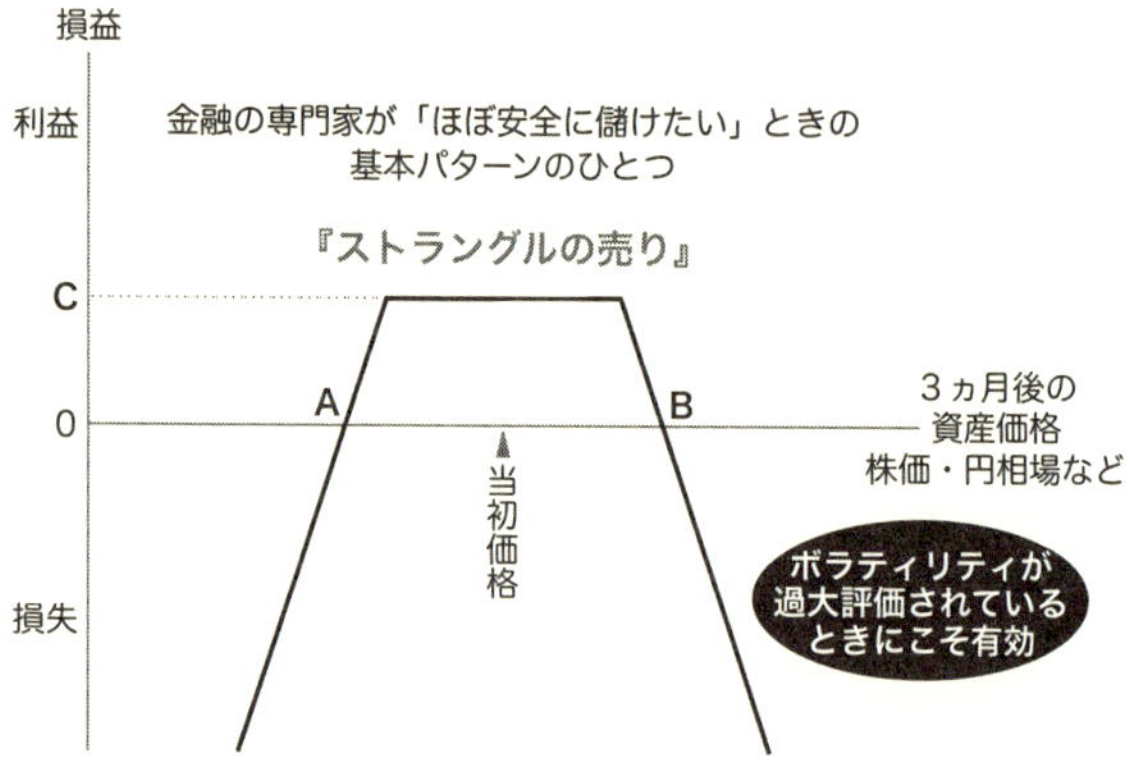

になる、すごく危険な取引じゃないですか。しかも、3倍程度のレバレッジをかけていますよね。

財豊　そう。株価などがAからBの範囲で動いていれば、たいていはCの高さに対応する利益がある。でも、Aを超える暴落や、Bを超える高騰があれば、一気に大損。

美愛　スリル満点ね。本当にこんな取引をやる投資家なんているの？

財豊　いっぱい存在する。うまくやれば、90%以上の確率で儲けることもできる。みんな、この高勝率にひかれるんだな。その代わり、失敗したら、あっというまに大金を失うけどね。

官上　本気でこれを美愛ちゃんにすすめる気ですか。

財豊　最初に、資産運用の質問をされたとき、他人のミスを利用するのが、現代の儲け方のひとつだと教えた。そして、前回、金融機関のリスク評価には欠点があることも教えた。相場変動が一時的に激しくなって、短期の過去でみたボラティリティが上がったときには、リスクが過大評価されやすい。

美愛　もしかして、株価の乱高下がひどいときに、この図の取引をやれってことですか？

官上　それは恐すぎますね。でも、恐すぎるときこそ、そのリスクを負うことの代償としてもらえるもの——図のCの高さが示す利益が、大きくなる。

財豊　そう、大暴落が起きた直後は、金融機関がリスクを過大評価する。このパターンの取引は、その過大評価を利用できる。官上君の指摘のように、Cの位置を高くできるからだ。

美愛　じゃあ、金融機関がリスクを過小評価しているときには？

財豊　上下反転させた、この図のような取引をやればいい（**図45**）。

官上　ストラングルの買いですね。AとBのあいだで相場が動くと、たいていは

図45　暴落・高騰が起きないように思えたときこそ……

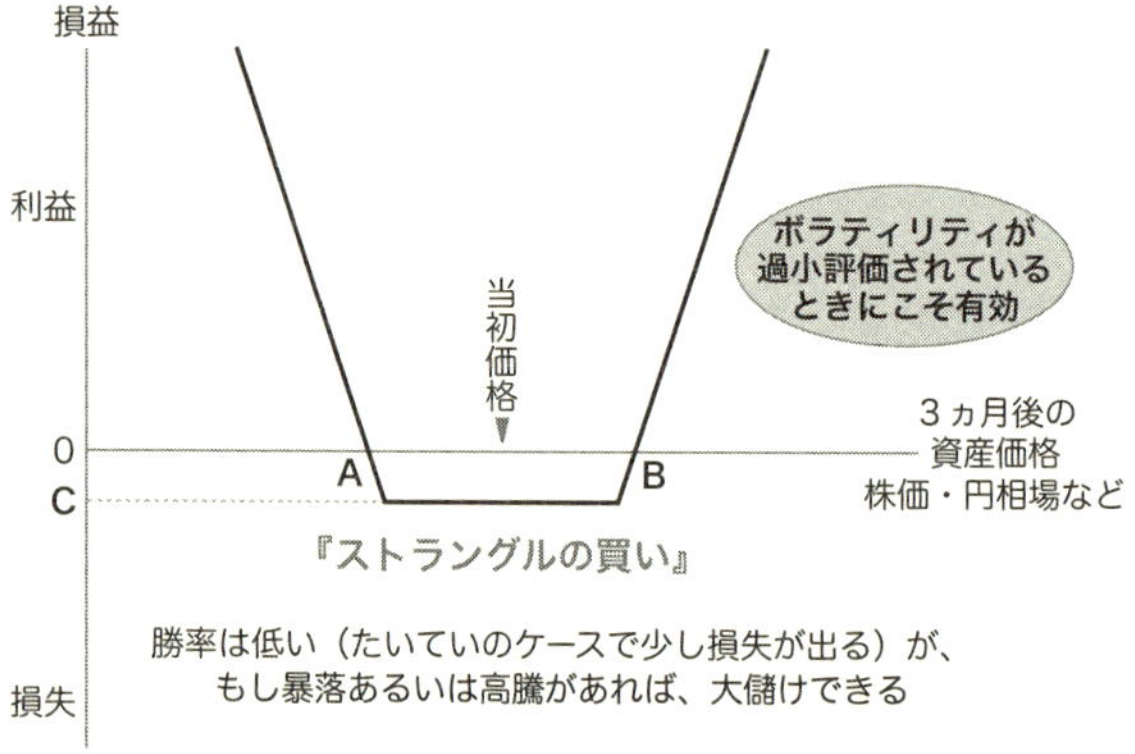

Cの高さが示す損失がある。

財豊　でも、暴落か高騰が起きれば、大儲けのチャンスがある。

官上　かなりの確率で、Cのぶんだけ損をしますけど……。

財豊　その通りだが、金融機関がリスクを過小評価しているときは、Cが示す損失は小さくなるし、金融市場参加者が予想するより、暴落や高騰の可能性は高いから、意外に有利だ。あくまで、金融機関がリスクを過小評価している状況が前提だけど。

美愛　暴落や高騰が起きそうにないとみえるときこそ、暴落や高騰に賭けろってことね。

財豊　株式投資のアドバイスとして、安いときに買って、高いときに売れという話がある。でも、安いか高いかの判断がむずかしくて悩むのだから、ふつうの株式投資では、そのアドバイスは役に立たない。

官上　でも、ボラティリティは、明らかに低すぎるとか、高すぎるという判断がしやすいうえに、金融機関が非合理な行動をしてくれる。

財豊　だから、他人のミスを利用して儲けたいなら、今回の図をアタマに入れておいてほしい。

官上　結局、考え方を教えたわけですね。

財豊　まあね。リスク管理は大損を避けるだけのものじゃない。リスク管理をきちんとやれば、金融機関の非合理性を突いて、ふつうより有利な投資もできる。現代の投資では、リスクに対する防御の徹底こそが、攻撃的な投資を有利にする。今日は、その典型例を示しただけだ。

美愛　はい、勉強になりました。でも、ストラングルの買いも売りも、実際にやってみるかもしれません。どんな投資をするにしても、いちばんのポイントは、暴落の可能性をいつも感じていられるかどうか。暴落への恐怖を忘れなければ、リスクに対処できるから、投資をしてもいいってことですよね。

官上　他方で、リスクを強く意識できないなら、株式投資や外貨投資などしないほうがいい。

財豊　あ、私のセリフをとったな。個人向け国債を売りたいってことかな？

美愛　変動金利型の個人向け国債がいい商品なのは納得しましたけど、私は債券は買いませんよ。社債やミニ公募債はもちろん買わないし、そのうえで国債も買わないってことです。できれば、ボラティリティぐらいは計算できるようになって、株式投資で金融機関に勝ちます。

財豊　いいね。もしバブルで一発当てたら、ごちそうしてくれよ。

美愛　残念でした。一発当てたら、しばらく海外に遊びに行きますから、教授には会えません。……だからといって、いまから外貨投資をすることはありませんが、国内の株式投資で儲けたら、つぎは世界を相手にします。

官上　大きく出たね！

財豊　志が高いのはいいことだ。きちんと勉強をして、いつも情報収集をしながら、リスクを負う投資をおこなうのは、もし失敗をしても、きっと仕事に役立つ。

だから、大損だけは避けるように注意して、ぜひ、どんどんやってほしい。成功を心から祈っているよ。

謝辞

本書は、幻冬舎の四本恭子さんの企画提案を受けて書かせていただいたもので、ご提案がなければ、このような資産運用本は書くことがなかったと思います。ありがとうございました。

また、これまでに金融商品についての情報交換をさせていただいたみなさまに、感謝いたします。

二〇一二年十月

吉本佳生

著者略歴

吉本佳生《よしもとよしお》

一九六三年、三重県生まれ。エコノミスト・著述家・関西大学会計専門職大学院特任教授。

専門は金融経済論、生活経済学、国際金融論。

ＮＨＫ教育・総合テレビで二二回（再放送をふくめると五〇回以上）放送された、

経済学教育番組「出社が楽しい経済学」の出演・監修者。

著書に、『金融工学の悪魔』（日本評論社）、『金融広告を読め』（光文社新書）、

『スタバではグランデを買え！』（ダイヤモンド社）、

『確率・統計でわかる「金融リスク」のからくり』

『日本経済の奇妙な常識』『マクドナルドはなぜケータイで安売りを始めたのか？』

『デリバティブ汚染』（以上、講談社）、

『無料ビジネスの時代』（ちくま新書）、『「世界金融危機」のカラクリ』

『数字のカラクリを見抜け！』（ともにＰＨＰビジネス新書）などがある。

幻冬舎新書 291

むしろ暴落しそうな金融商品を買え！

二〇一二年十一月三十日 第一刷発行

著者 吉本佳生
発行人 見城 徹
編集人 志儀保博

発行所 株式会社 幻冬舎
〒一五一―〇〇五一 東京都渋谷区千駄ヶ谷四―九―七
電話 〇三―五四一一―六二一一（編集）
〇三―五四一一―六二二二（営業）
振替 〇〇一二〇―八―七六七六四三

ブックデザイン 鈴木成一デザイン室
印刷・製本所 株式会社 光邦

Printed in Japan ISBN978-4-344-98292-5 C0295
よ-3-1

幻冬舎ホームページアドレス http://www.gentosha.co.jp/
*この本に関するご意見・ご感想をメールでお寄せいただく場合は、comment@gentosha.co.jp まで。